终极控制人、负债融资与公司绩效

王希胜◎著

中国水利水电出版社
www.waterpub.com.cn
·北京·

内 容 提 要

本书详细阐述了国内外关于金字塔结构的理论和实证成果,以终极控制人视角,从股权结构和负债结构两个维度,对中国上市公司终极控制人、负债融资及其对公司绩效的影响做了详细、系统的研究。

本书对于公司治理机制,保障债权人、中小股东的合法权益,推动相关法律法规的完善以及上市公司的经营绩效提升具有重要的理论和现实价值。

图书在版编目(CIP)数据

终极控制人、负债融资与公司绩效 / 王希胜著. -- 北京:中国水利水电出版社,2017.7(2022.9重印)
ISBN 978-7-5170-5600-3

Ⅰ.①终… Ⅱ.①王… Ⅲ.①上市公司-经济绩效-研究-中国 Ⅳ.①F279.246

中国版本图书馆CIP数据核字(2017)第167436号

书　　名	终极控制人、负债融资与公司绩效
	ZHONGJI KONGZHIREN、FUZHAI RONGZI YU GONGSI JIXIAO
作　　者	王希胜　著
出版发行	中国水利水电出版社
	(北京市海淀区玉渊潭南路1号D座 100038)
	网址:www. waterpub. com. cn
	E-mail:sales@waterpub. com. cn
	电话:(010)68367658(营销中心)
经　　售	北京科水图书销售中心(零售)
	电话:(010)88383994、63202643、68545874
	全国各地新华书店和相关出版物销售网点
排　　版	北京亚吉飞数码科技有限公司
印　　刷	天津光之彩印刷有限公司
规　　格	170mm×240mm　16开本　12印张　156千字
版　　次	2018年1月第1版　2022年9月第2次印刷
印　　数	2001—3001 册
定　　价	42.00 元

凡购买我社图书,如有缺页、倒页、脱页的,本社营销中心负责调换

前　言

自 20 世纪 80 年代初 LLSV 的理论开始,越来越多的学者关注于研究集中的股权结构,即控制权与所有权并未分离。中国上市公司普遍存在终极控制人控制权与现金流权分离的金字塔控制结构特征。因而,揭示金字塔结构下终极股东控制及其形成的不同代理冲突对公司绩效的影响,并研究特定股权结构对负债融资的影响及其解决途径,已成为现代公司治理有效性理论与实践面临的重要问题。

本书以 2011—2013 年中国上市公司为研究样本,详细梳理了国内外关于金字塔结构的理论和实证成果,运用了理论分析和实证研究相结合的研究方法,以终极控制人视角,从股权结构和负债结构两个维度,对中国上市公司终极控制人、负债融资及其对公司绩效的影响做了详细、系统的研究,得出了相关结论。这对于健全公司治理机制,保障债权人、中小股东的合法权益,推动相关法律法规的完善以及上市公司的经营绩效提升具有重要的理论和现实价值。

在理论规范分析方面,本书结合我国转型经济中资本市场的现实国情,分别探讨了国有上市公司和民营上市公司的金字塔股权结构的历史演进。国有企业和民营企业金字塔持股结构的制度背景具有不同的特点,这对其负债融资及掏空方式产生了不同的影响。

在实证分析方面,从理论规范分析入手,提出研究假设,通过样本公司面板数据,构建了终极控制人对负债融资、公司绩效的综合理论模型。本书从实证的角度首先检验了终极控制人的不同特征对国有和民营上市公司资本结构及债务期限结构的影响。主要从以下三个方面进行研究：①终极控制人控制权、现金流权等控制特征与债务融资比例和债务期限结构的关系；②终极控制人国有和民营的不同所有权类型特征与债务融资比例和债务期限结构的关系；③终极控制人年龄、学历等背景特征的异质性与债务融资比例和债务期限结构的关系。

其次，研究了终极控制人控制权、现金流权等变量与公司绩效的关系，同时，按照终极控制人所有权类型差异，将上市公司分为国有控股、民营控股上市公司，并以此为基础进行了分组比较研究。研究表明：控制权、现金流权等对公司绩效能够产生重要的影响；民营控股上市公司终极控制权和现金流权分离程度要高于国有控股上市公司，其分离程度对公司绩效的负向作用更加明显。

最后，在金字塔股权结构下，从终极控制人的视角分析了负债融资决策的资本结构和债务期限结构两个方面与公司绩效的关系。研究表明：在不同终极控制权类型下，负债融资治理效应表现出不同的作用，即负债融资能够发挥公司治理效应，这种效应要受到终极控制权类型的影响。短期债务能够约束民营终极控制人的行为，国有控股上市公司短期负债比率与公司价值相关性不显著。

理论分析和实证研究说明，如何有效地抑制终极控制人的"掏空"行为成为现代公司治理研究的重要方向，其核心内容是限制终极控制股东权力膨胀及超额控制，抑制两权分离程度。解决问题的思路是，内部治理中，对权力进行合理分配，实现权力均衡及制衡，提高中小股东和债权人参与决策的能力和机制；外部治理中，增加信息披露的透明度，强化法律监督的执行。

作　者

2017 年 4 月

目　录

第1章 绪 论

1.1 研究背景

公司制企业的出现,产生了两权分离问题,公司治理逐渐进入人们的视野。1932 年,Berle 和 Means 在《The modern corporation and private property》一书中阐述了分散股权结构的假设[①]。Berle 和 Means 的研究发现众多的中小股东持有了公司的大多数所有权,但管理者拥有公司的经营权,由此导致了经营权与所有权分离问题的产生,因此,早期的委托代理理论的研究就从这种问题开始入手[②]。自分散股权结构下公司所有权与控制权分离的假设开始,学者对公司治理问题的研究主要关注于公司所有者与经理层之间的委托代理关系上,寻找降低经理层代理成本的方法和途径。

随着对公司治理问题的进一步研究,20 世纪 80 年代以来,更多的学者发现,大多数国家上市公司的股权结构集中的特征非常普遍且比较明显,并未高度分散。Demsetz(1983,1985)、Shleifer(1986)和 Morck(1988)等的分析认为,简单地看,美国公司的股权结构高度分散,通过对其股权结构的详细分析,众多大企业的

[①] La Porta,R.,Lopez-de-Silanes,and F. Shleifer,Corporate Ownership Around the World[J]. Journal of Finance,1999,54:471—517.

[②] Fama,Jensen. Agency Problem and Residual Claims[J]. Journal of Law and Ecomomics,1983(26):327—349.

股权大都被富有投资者及家庭(家族)所控制,股权呈现出高集中度的特征;德意日3个国家和7个OECD国家等发达经济体中公司的股权也具有美国的类似特征[1][2][3][4]。这意味着,发达国家及经济体公司股权表现为较高的集中度。Claessens等(2000)以东亚9个国家中2980家上市公司为样本,认为约38.7%的公司存在终极控制人,其中有超过一半的公司表现为家族控制的股权结构[5]。印尼上市公司股权集中达66.9%,比例最高;新加坡上市公司股权集中达55%;泰国上市公司股权集中达12.7%,比例最低;具有金字塔股权结构公司的托宾Q值比较低。Faccio等(2001)以欧洲除爱尔兰等国家外的13国5232家上市公司为样本进行了实证研究,发现约50%的公司最终控制人表现为家族,以平均19%的比例实现金字塔持股结构[6]。

La Porta等(1999)对公司治理理论进行了新的探索,通过分析所有权链条进而发现上市公司终极控股股东,第一次对终极控制权问题进行了研究,认为多数上市公司所有权结构中,终极控制人是普遍存在的,其利用多层控制链条掌握了一家或多家公司,并且终极控制人大多表现为个人、家族甚至是国家,处于控股地位的股东与公司外部中小股东之间的矛盾与冲突形成了公司治理最重要的代理问题[7]。学者们将这种所有权结构安排称为金

---

① Demsetz H. Structure of Ownership and the Theory of the Firm[J]. The Journal of Economy,1983,26:375.

② Demsetz H,Lehn K. The Structure of Corporate Ownership:Causes and Consequences[J]. The Journal of Political Economy,1985:1155—1177.

③ Shleifer A,Vishny R W. Large Shareholders and Corporate Control[J]. The Journal of Political Economy,1986:461—488.

④ Morck R,Shleifer A,Vishny R W. Management Ownership and Market Valuation:An Empirical Analysis[J]. Journal of Financial Economics,1988,20:293—315.

⑤ Claessens S,Djankov S,Lang L H P. The Separation of Ownership and Control in East Asian Corporations[J]. Journal of Financial Economics,2000,58(1):81—112.

⑥ Faccio M,Lang L H P. The Ultimate Ownership of Western European Corporations[J]. Journal of Financial Economics,2002,65(3):365—395.

⑦ La Porta R,Lopez-de-Silanes F,Shleifer A, et al. Investor Protection and Corporate Valuation[J]. Journal of Finance,2002:1147—1170.

字塔股权结构。在对投资者缺失完善法律保护的情况下,采用通过交叉持股、金字塔持股或者双重持股等不同结构组建不同的控制链条,终极控股股东利用多行业投资、关联方交易及互相提供担保等多种途径掏空上市公司资源,为自身利益最大化服务,获得额外收益。上述复杂的控制链条能够使终极控制人拥有超额表决权,违背了同股同权的原则,降低了公司治理的有效性。Johnson 等(2000)将这种转移上市公司资源、金字塔结构内公司间交易、转移定价等损害上市公司中小股东利益的行为称为"隧道效应"(Tunneling)①。

　　在中国,终极控制人存在于大多数的公众公司,并且终极控制人主要利用复杂的股权结构、委派董事和高管等方式实现超额控制。从而,终极控股人具有强烈的动机与能力为谋求自身收益最大化,获取巨额利益而做出满足其目的的筹资策略和投资策略。股权分置改革可以在一定意义上完善我国上市公司的治理结构,消除股权分割,实现同股同权,但并不能从根本上解决终极股东控制与一股独大集权结构的问题。因而,分析集中股权结构终极股东控制及其产生的第二类代理问题对公司绩效及债务融资的影响,并研究特定股权结构对负债融资的影响,成为现代公司治理学术界与实践面临的重要研究方向。

1.2　研究意义

1.2.1　理论意义

根据相应文献资料分析,国内外学术界对分散股权结构下的

———————

　　① Johnson S, Boone P, Breach A, et al. Corporate Governance in the Asian Financial Crisis[J]. Journal of Financial Economics, 2000, 58(1): 141—186.

债务融资问题研究得比较多,但关于终极控制人下债务融资命题较少,并且研究角度相对单一,有的仅考虑企业的资产负债率,有的仅关注控股股东的所有权属性,将终极控制权进行系统分析的文献较少。本书在研究企业债务融资问题时,拓宽了以往的研究方向,基于终极控制人的全面特征,分析了终极控制权不同特征对企业负债融资决策产生的影响机理。

深化了我国控制权理论。国内较多学者从大股东层面分析集中控制权的问题,但是大股东后面还隐藏着终极控制人。本书梳理了集中股权结构下的控制权与所有权分离问题,运用实证研究来分析其对上市公司绩效的作用机制,发现在集中控制权下小股东利益受到终极控制股东侵占问题严重,并依据理论和实证分析得出改进和完善的政策建议。将研究角度从直接控制公司的大股东转向隐藏于其背后的终极控股人,拓宽了公司治理研究的广度与深度,提升了研究的科学性和合理性,因此结论和建议也更具意义。研究集中股权结构下终极控股人的行为,可以促进中国公司治理理论的创新,推动治理理论的发展。本书基于终极控制人的视角,从控制人特征研究了控制权的代理成本,丰富了控制权理论的研究内容。

完善负债的相机治理理论。国内外学者研究负债融资和公司绩效关系,很少结合股权结构探讨负债对公司绩效的影响。本书从终极控制人视角出发,以资本结构的两个维度(股权结构和负债结构)为切入点,全面考虑特定股权结构对负债融资的影响,深入分析负债融资和公司绩效的关系,丰富了代理理论。

1.2.2 实践意义

我国的公司治理模式主要模仿美国等股权较为分散的国家,其治理模式的核心就是降低弱股东和强管理者的代理问题,公司治理结构安排、法律规范等都紧紧围绕这个核心。但经验证据表明,现代公司治理的关键是解决处于控股地位的股东与公司外部中小股东和债权人之间的矛盾与冲突,终极控制人存在于大多数的上市公司。通过实施有效的监管措施,降低金字塔股权结构下终极控制股东行为的隐蔽性,从而提高上市公司的治理水平与创造价值的能力,提高相关利益者保护程度,也能够促进我国资本市场的良性发展,为提高公司治理水平奠定坚实的基础。经过分析我国金字塔股权结构与公司绩效,公司控制人财务行为代理成本的经验证据,为完善公司治理模式、健全与公司相关的法律法规等提供了依据。

债券市场不发达是我国资本市场的现实情况,银行借款仍是大多数上市公司债务融资的主要渠道。我国尚未建立健全的保护债权人利益的法律和法规,因此,债权人经常被股东和经理层双重侵害。通过金字塔集中结构,上市公司的终极人能够采用债务融资方式获取控制权私有收益,这既侵占了中小股东及债权人的合法权益,有损企业健康发展及经营绩效;也不利于资本市场的发展,恶化了筹资环境。因此,通过分析所有权控制链条查找隐藏于企业背后的终极控制人,考虑终极控制人的全面特征对企业负债融资决策的作用机制,从而有利于提高公司治理有效性、保持公司健康运营、提高公司绩效,并且对保障中小投资者和债权人权益具有重要的实践价值。

1.3　基本概念的界定

1.3.1　金字塔股权结构

根据 La Porta 等(1999)对公司治理理论进行的探索,在富有的普通法系及法律对投资者保护不力的国家,终极控股股东普遍存在于多数上市公司中,并且其利用一条或多条控制链条掌握了一家或多家公司,并且终极控制人大多表现为个人、家族甚至是国家,因此所有权结构呈现高度集中的特征,我们将这种所有权结构认定为一般意义上的金字塔控制结构。终极控制人获得的控制权与现金流权发生分离是金字塔控制结构的显著特征。在这种股权结构中,控制权大于所有权,两权的偏离能够使终极控制人有能力通过其掌握的控制权侵占其他中小股东的利益,从而实现自身利益的最大化。图1-1是对典型的金字塔结构的解释。在金字塔结构中,A是终极控制股东,是金字塔结构顶层公司,B至Z均为金字塔结构的中间公司,A能够对第二层级公司B实施有效的控制,B能够对第三层级C实施有效的控制,同理,控制链条直至金字塔结构底层公司Z。研究表明,我国上市公司大多存在终极控制人,其多通过金字塔控股结构的方式形成对上市公司的控制链。

图1-1 典型的金字塔股权结构示意图

La Porta 等(1999)对金字塔结构的研究以发达国家公司的股权结构为研究对象,因此综合国外学术界的观点并结合我国历史及现实情况,本书对金字塔结构进行了如下定义。

(1)以10%的控制水平作为终极控制人对目标公司投票权标准。

(2)上市公司处于金字塔结构最底层,存在着终极控股人,终极控制人依据其不同性质,划分为国有和非国有两种不同类型。

(3)顶层终极控股人至最底层目标公司间至少有两个或两个以上的层级。

(4)终极控股股东对控制链中的每一家公司均能进行有效的控制。

由上可知,金字塔结构中比较重要的两个概念是金字塔控制层级和控制链个数。我们以最长控制链的层数为金字塔层级,若金字塔结构存在多条控制链,以上市公司与终极控制人间的控股层级作为该条控制链的长度。控制链个数指终极控制人对目标公司进行有效控制的控制链条数。

以往对股权结构的研究主要关注的是公开发布的第一大股东持股比例和其性质,而我们采用金字塔结构就可以层层追溯到上市公司的最终控制人,在分析企业的股权结构时采用了与以往不同的观点。上市公司最终控制人是处于控制性地位的股东(自然人),位于金字塔顶层,具有唯一性。依据终极控制人不同的所有权属性,将其划分国有和民营两种不同类型。

1.3.2 终极控制权、现金流量权与两权分离

1.终极控制权

终极控制权(ultimate vote right,UVR),包括显性和隐性终极控制权,是指所有权结构中控制链条顶层最终控制人以直接及间接方式对目标公司进行实际控制所持有的股份数量。显性终极控制权指终极控制人通过直接方式对上市公司进行控制所掌握的控制权;隐性终极控制权指终极控制人利用金字塔等复杂股权结构等方式间接对公司掌握的实际控制权,其重要特征就是具有隐秘性和复杂性。隐性控制不仅为关联交易、转移底层公司资源、转移定价、掏空上市公司等侵害中小投资者利益行为提供了方便,更严重的是产生了控制权和现金流权分离的问题,导致终极控制人用较小的所有权实现了较大的投票权,进而能够控制上市公司的大多数现金流量。

终极控制权是控制性股东直接或间接拥有的投票权之和。如果金字塔结构中只有一条控制链,那么终极控制权就是其中持有股权最弱的一层;如果金字塔结构中有多条控制链,那么终极控制权(投票权)就是各个控制链上最弱一层的持股比例之和。

控制权即投票权,可将直接投票权与间接投票权相加得到,其表达公式如下:

$$V = D + \sum_{}^{n} min(I_{k1},, I_{k2}, I_{K3} \cdots, I_{kt}), (1 < t \leqslant m) \quad (1.1)$$

上式中,V 表投票权,D 表示直接控制链的投票权,n 表示间接控制链条数,m 表示间接控制链中层级的层数,I 表示第 k 条间接控制链上第 t 个层级中的所有权。

2. 现金流权

现金流权(Ultimate Cash Right,UCR)即所有权,是指上市公司股东通过投资得到的权利。现金流量是股东因对公司进行投资而获得的利益,可以由上市公司发放股利等途径得到。在间接持股中,现金流量代表的是股份相乘的概念。现金流量是股东实际投入企业的资金,是股东实际拥有的股份。

现金流权包含直接现金流权和间接现金流权。间接现金流权通过计算每个控制链条中各个所有权的乘积求和而得到。如果终极控制人通过一条控制链控制目标公司,现金流量权就是该链条上所有权的乘积;如果终极控制人通过多条链条形成控制,终极现金流量权等于链条上各个所有权的乘积之和。计算公式如下:

$$CF = D + \sum^{n} \prod^{n} I_{kt} \tag{1.2}$$

上式中,CF 表示总现金流权,其他的变量定义与公式(1.1)相同。

3. 两权分离

La Porta(1999)等提出了"一股一权"的概念,其中"股"是股东投入资金后所得到的股份份额,对应着现金流量;"权"代表着实际的投票权,对应着终极控制权。"一股一权"符合"出多少资金,拥有多少权利"的概念。但是终极控股股东能够利用金字塔等不同的方式形成超额控制,使其得到投票权大于进行投资的所有权,通过两权偏离达到以较少的现金流量拥有较多的投票权。

控制权和现金流权两权分离度(Separate Ratio,SR)计算时,Claessens、Djankov 和 Lang(2000,以下简称 CDL)以控制权与现金流量权的比值来度量,即 UVR/UCR;La porta、Lopez-De-

Silanes、Shleifer 和 Vishny(1999,将其简写为 LLSV),则以控制权与现金流量权的差值度来衡量两权分离度,即 UVR－UCR。本书采用 CDL 方式,即以控制权与现金流量权的比值来衡量两权分离度,即控股股东可以以投资较少的现金流获得目标公司较大的投票权,是一种杠杆作用,当两权分离度为 1 时,说明控制权等于现金流权,两权未发生分离。

　　控制权与现金流权偏离可能来自于两方面的情况:①公司发行了不同类型的股票(即多重股票),即现金流权相同但投票权不同的股票;②存在金字塔股权结构、交叉投资持股或多条控制链等控制权安排。中国不允许存在多重投票权,股东的股权、直接投票权与直接现金流权是相等的。

　　如图 1-2 所示,按传统的研究方式,我们关注的是中国石油天然气股份有限公司的直接控股股东,即第一大股东中国石油集团,而现在通过金字塔结构,我们可以追溯到其实际控制人为国务院国资委,终极控制人类型是国有,此结构中有 1 条金字塔链条,控制链层级为 2。终极控制权为 73.96%,终极现金流量权＝100%＊73.96%＝73.96%,两权分离度为 1,没有发生两权分离。这是一个比较简单的终极控制图。

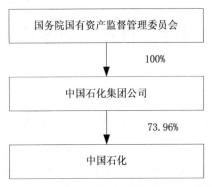

图 1-2　中国石油化工股份有限公司股权控制关系图
(摘自 2013 年年报)

　　如图 1-3 所示,新希望六和股份有限公司的第一大股东是新希望集团有限公司,持有新希望六和股份有限公司 33.74% 的股份,控制链条个数为 2,控制链层级为 2,终极控制人是自然人刘永好先生,性质为非国有控股上市公司,终极控制权为 45.13％,终极现金流量权为 62.34％×51％×23.24％＋62.34％×21.89％＝21.04％,即刘永好以 21.04％的现金流量获得新希望六和股份有限公司 45.13％的控制权,两权分离度为 2.14,即拥有 1 份的现金流量可以获得 2.14 份的控制权。

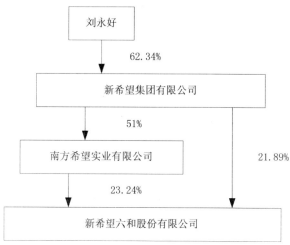

图 1-3　新希望六和股份有限公司股权控制关系图

(摘自 2013 年年报)

1.4　研究文献综述

1.4.1　终极控制权、负债融资及其关系

Attig 等(2003)认为通过金字塔控制结构,终极控制人能分散风险,提高金字塔层级可以降低终极控制人投资项目的风险①。余明桂和夏新平(2004)通过研究发现终极控制股东往往通过关联

---

① Attig N、Gadhoum Y、Lang L. Bid-Ask Spread，Asymmetric Information and Ultimate Ownership[J]. Chinese University of Hong Kong，Department of Finance，2003：G32.

交易侵占小股东的利益,直接证明了我国大股东与小股东存在严重的代理关系①。叶勇等(2005)以我国 2003 年 1260 家公司为例,研究发现其控制人至少拥有 5% 以上的投票权,控制性股东的投票权和所有权值均分别为 43.67% 和 39.33%,说明在我国两权分离是客观存在的②。赖建清和吴世农(2005)对 2002 年我国上市公司进行研究发现,77.07% 的上市公司由国家直接控股或间接控股,22.87% 的上市公司由非国有股东控制③。刘运国等(2009)对 2004—2007 年期间我国的上市公司进行分析指出,所有权与控制权的比值均值为 0.81∶1;按照控股股东所有权属性的差别,中央、地方政府和自然人金字塔控制链的平均层级分别是 2、1.28 和 1.65④。刘芍佳等(2003)在建立新的股权结构分类方法的基础上对我国截至 2001 年底的 1160 家上市公司的控股股东状况进行调查,结果发现我国 84% 的公司由政府最终控制,其中政府大多通过集中股权结构实施间接控制,比例为 75.5%,政府以直接控制方式控制了剩余 8.5% 的公司⑤。杨兴君等(2003)认为我国民营企业上市公司价值之所以降低,是因为普遍使用金字塔结构导致控制权与现金流量权分离加剧⑥。马忠、陈彦(2008)认为,决定终极控制股东与中小股东利益的主要因素是终极控制人在最底层上市公司中的控制权,两权分离仅是金字塔

---

① 余明桂,夏新平.控股股东,代理问题与股利政策:来自中国上市公司的经验证据[J].中国金融学,2004,2(1):69—93.

② 叶勇,胡培,黄登仕.中国上市公司终极控制权及其与东亚,西欧上市公司的比较分析[J].南开管理评论,2005,8(3):25—31.

③ 赖建清,吴世农.上市公司最终控制人对绩效的影响研究[D].厦门:厦门大学管理学院,2005:1—15.

④ 刘运国,吴小云.终极控制人、金字塔控制与控股股东的"掏空"行为研究[J].管理学报,2009,6(12):1.

⑤ 刘芍佳,孙霈,刘乃全.终极产权论、股权结构及公司绩效[J].经济研究,2003,4(5):51—62.

⑥ 李康,杨兴君,杨雄.配股和增发的相关者利益分析和政策研究[J].经济研究,2003,3:79—87.

股权结构的一种现象①。朱乃平等(2013)发现,投票权与所有权两者分离程度越大,上市公司处于控股地位的股东对负债的破产清算效应越不敏感,越偏好高比例的债务融资,进而实现资源或者利润转移,最大化自身经济利益,这种行为对企业绩效产生了负向作用②。彭文伟、刘恋(2013)对投票权和现金流权分离问题进行了研究,认为这种分离会促使企业投资行为过度化;控制权与过度投资表现了正的相关性,现金流权与企业过度投资呈现负相关关系,表明了控制权具有隧道效应,现金流权能够产生约束效应③。

Jensen 和 Meckling(1976)研究了代理问题与公司资本结构的关系,认为代理成本是不同利益相关者的矛盾与冲突,所有者和债权人目的的不一致性增加了代理成本④。Friend 和 Lang(1988)分析认为,大股东有能力对管理层实施严密的监管,贷款人会认为他们的利益与大股东利益一致,没有必要过分依靠短期贷款监督管理者,但股东权利的过度集中会导致利益掠夺行为的发生⑤。Stulz(1990)研究认为,由于短期负债资金有定期支付利息的压力,能够发挥债务资金的约束机制,短期借款能够降低控股股东的代理成本及债权人的风险⑥。陆正飞(2005)利用 TSP 统计软件,对 2003 年沪市 A 股上市公司进行研究发现,不同行业

---

① 马忠,陈彦.金字塔结构下最终控制人的盘踞效应与利益协同效应[J].中国软科学,2008(5):91—101.

② 朱乃平,韩文娟,凌隽.关于出版业上市公司管理层持股与公司绩效的实证分析[J].出版科学,2013,21(6):41—47.

③ 彭文伟,刘恋.终极控制权、现金流权与企业投资的关系[J].财会月刊(理论版),2013(002):14—17.

④ M. C. Jensen and W. H. Mecking. Theory of the Firm:Managerial Behavior,Agency Costs and Ownership Structure[J]. Journal of Financial Economics,1976,3(4):305—336.

⑤ Friend I,Lang L H P. An Empirical Test of the Impact of Managerial Self-interest on Corporate Capital Structure[J]. The Journal of Finance,1988,43(2):271—281.

⑥ Stulz, R. Managerial Control of Voting Rights:Financing Policies and the Market for Corporate Control[J]. Journal of Financial Economics,1998:365—390.

的债务融资比例具有明显差异①。肖作平(2010)认为,不同行业、不同地区的债务期限结构表现出了较大的差别,我国上市公司债务期限普遍较短,受管制行业的债务期限要高于其他行业②。宁宇新、柯大钢(2008)以我国上市公司作为样本,分析了转型经济中影响公司债务融资的因素,认为企业重要的债务来源为商业信用,优化债务结构的重点是建立规则透明、产权清晰的环境③。朱家谊(2010)以 2005—2009 年我国 4275 家上市公司为样本进行实证分析,认为各级政府会对所属企业的贷款进行干预,这种行为能够对公司债务期限结构产生影响,认为政治关系确实对企业债务期限结构影响较大④。刘洋、郭欢(2008)通过比较股权融资与债务融资发现,债务融资在融资成本、财务杠杆、避免股权稀释、对经理层的约束和反收购等方面具有很大优势⑤。李悦等(2007)通过对 167 家上市公司调查发现,在债务融资中,影响债务规模的是公司盈利能力、信用评级及债务融资的交易成本⑥。江伟、李斌研究表明,上市公司短期负债资金所占比重较大,长期债务与短期债务搭配整体较低,平均为 13%,而发达国家公众公司平均水平为 60%,发展中国家平均水平为 30%左右⑦。周勤等(2006)认为,由于我国商业银行具有国有性质,债务融资治理效应在国有企业和非国有企业中表现出了较大的差异,国有企业的

① 陆正飞.中国上市公司融资行为与融资结构研究[M].北京:北京大学出版社,2005:58.

② 肖作平.公司治理影响债务期限结构类型吗?[J].管理工程学报,2010(1):110-123.

③ 宁宇新,柯大钢.转轨背景、公司成长性与债务融资[J].中大管理研究,2008(3):107-124.

④ 朱家谊.政府干预与企业债务期限结构研究——来自我国上市公司的经验数据[J].财经科学,2010(10):88-65.

⑤ 刘洋,郭欢.企业债务融资的优势:基于与股权融资的比较分析[J].企业家天地,2008(10):50-51.

⑥ 李悦,熊德华,张峥.公司财务理论与公司财务行为——来自 167 家上市公司的证据[J].管理世界,2007(11):65-71.

⑦ 江伟,李斌.金融发展与企业债务融资[M].北京:北京大学出版社,2006.

所有权性质一定程度上导致了债务资金未能发挥应有的治理效应[①]。闫华红、王安亮(2013)认为与国有控股股东相比,民营控股股东表现出了更加强烈的转移上市公司资源及利润的动机,通常选择较高负债比例的资本结构;增加金字塔集中结构下的控制链层级,提高负债资金在资本结构中的比例,使得这些转移行为隐蔽性更强。[②]。

Julan 等(2005)认为,在集中的金字塔结构下,债务资金具有更加明显的股权非稀释效应,会导致公司采取高负债比例[③]。Faccio 等(2001)对亚洲国家公司进行研究发现,由于所处国家投资者保护较弱,当存在金字塔股权结构时,增加负债并不能有效约束终极控制股东的利益掠夺行为。苏坤、杨淑娥(2009)对我国民营上市公司进行了实证研究,发现所有权、投票权及其分离度会对融资结构产生作用,终极控制人所有权、投票权和债务水平表现为显著负的相关关系,两权偏差水平与债务水平存在倒 U 形关系[④]。王凯凯、贾延宁(2009)通过研究控制性股东、股权均衡程度与长期债务比例之间的关系发现:当提高股权均衡度时,长期债务比例指标也会随之增长;终极控制人为国有时,拥有更高的长期债务水平,但并不显著[⑤]。韩亮亮和李凯(2008)以民营上市公司为样本,分析了控股股东与债务融资比例之间的关系,认为

---

① 周勤,徐捷,程书礼.中国上市公司规模与债务融资关系的实证研究[J].金融研究,2006(8):41—55.

② 闫华红,王安亮.终极控制人特征对资本结构的影响——基于中国上市公司的经验证据[J].经济与管理研究,2013(2):12—17.

③ Julan Du, Yi Dai. Ultimate Corporate Ownership Structures and Capital Structures:Evidence from East Asian Economies[J]. Corporate Governance, 2005,13(1):60—71.

④ 苏坤,杨淑娥.现金流权、控制权与资本结构决策——来自我国民营上市公司的证据[J].预测,2009(6):18—24.

⑤ 王凯凯,贾延宁.终极控制人、股权制衡与上市公司债务期限结构选择[J].经济视角,2009(6):64—68.

两权偏离程度与债务融资比例呈显著负相关关系①。邹平等（2007）对中国上证成份指数的180家公司进行了实证分析,发现终极投票权比例与资本结构正相关,终极现金流量权与资本结构负相关②。陈珊（2013）的研究认为:控制性股东的所有权比例越大,负债融资在中小上市公司对控制性股东治理正效应越明显;集中股权结构的控制层数越多,负债融资在中小上市公司治理负的有效性越显著③。苏坤、张俊瑞（2012）认为负债融资能够发挥股权的非稀释性效应,从而增加了控制性股东掌握的资源,强化了其攫取行为的效应,两权偏离程度与资产负债率呈显著正相关关系。但现金流权能够有效抑制控制性的控制权私有利益的挖掘行为,资本结构中表现出较低的资产负债率水平,现金流权因而能够起到一定程度的调控效果,降低两权分离程度与债务融资比例间的正相关程度。与民营上市公司相比,国有控股公司由于产权的国有性质,终极控股人没有强烈的愿望利用较高的债务比例挖掘私有利益,从而两权分离程度与资产负债率的正相关关系并不显著④。朱乃平、田立新、陈娜（2013）研究发现,企业控制性股东所掌握的控制权与所有权分离程度越大,债务资金的破产威胁效应和控制效应治理效果越差,上市公司为实现控制权私有利益,偏好于采用高债务比例的资本结构⑤。

---

① 韩亮亮,李凯.控制权、现金流权与资本结构——一项基于我国民营上市公司面板数据的实证分析[J].会计研究,2008(3):66-73.

② 邹平,付莹.我国上市公司控制权与现金流权分离——理论研究与实证检验[J].财经研究,2007(9):135-143.

③ 陈珊.我国中小上市公司终极控制权与债务融资治理效应研究[D].济南大学,2013.

④ 苏坤,张俊瑞.终极控制权与资本结构决策[J].管理学报,2012,9(3):466-472.

⑤ 朱乃平,田立新,陈娜.民营企业终极控制性股东特征与公司融资决策行为[J].预测,2013,32(6):22-28.

1.4.2 终极控制权与公司绩效

La Porta 等(2002)、Claessens 等(2002)的研究都表明,处于控股地位的股东所拥有的所有权与公司绩效成正相关关系;终极控制股东的投票权与所有权分离程度越高,则公司绩效越差[1][2]。Wiwattanakantang(2001)通过考察泰国 1996 年 270 家上市公司发现,控制权与所有权分离程度对公司绩效并没有显著作用,其分析由于控股股东获得控制权私利的成本必须自己负担,控股股东侵占外部投资者利益动机不足;公司控股股东参与经营管理将显著降低公司绩效,尤其当处于控制性地位的股东的投票权在 25%～50%时,这种现象更加明显[3]。Bebchuk 等(2000)研究表明,如果公司所有权和控制权不一致时,在公司进行项目投资及内部交易等过程中能产生较大的代理成本,控制股东存在攫取控制权私利损害中小外部投资者及债权人的行为[4]。Lins(2003)以东亚地区 800 家公司为样本,研究了集中控制结构与股票收益率的关系,发现东南亚金融危机在给上市公司产生负向作用的同时,加剧了控制性股东对中小股东的利益侵害;相比而言,控制权集中、两权偏离的公司其股票投资的收益率平均低 10%～

① La Porta R,Lopez-de-Silanes F,Shleifer A, et al. Investor Protection and Corporate Valuation[J]. Journal of Finance,2002:1147－1170.

② Claessens S,Djankov S,Fan J P H,et al. Disentangling the Incentive and Entrenchment Effects of Large Shareholdings[J]. The Journal of Finance,2002,57(6):2741－2771.

③ Wiwattanakantang Y. Controlling Shareholders and Corporate Value:Evidence from Thailand[J]. Pacific-Basin Finance Journal,2001,9(4):323－362.

④ Bebchuk L A,Kraakman R,Triantis G. Stock Pyramids,Cross-ownership,and Dual Class Equity:the Mechanisms and Agency Costs of Separating Control From Cash-flow Rights[M]. Concentrated Corporate Ownership. University of Chicago Press,2000:295－318.

20％[①]。Peng 和 Jiang(2004)对亚洲 8 个国家和地区家族企业研究发现,印尼与韩国家族企业的集中股权结构与公司绩效负相关,新加坡、马来西亚和中国香港的金字塔股权结构与公司绩效正相关,其他国家中二者之间没有明显关系[②]。Tianshu Zhang(2015)的研究认为,现金流权和控制权的分离越高,企业价值越低[③]。

　　刘芍佳等(2003)基于终极产权视角,对中国上市公司的终极控股股东进行划分,首次提出"中国式金字塔型控股体系"。发现终极控股人为国家的上市公司比例为 84％,而终极控股股东为民营的公司比例仅为 16％。也就是说,中国公众公司大多被政府所控制,集中性和政府居主导地位是这些公司股本结构的典型特点。苏启林和朱文(2003)研究了我国家族上市公司的所有权与控制权的分离情况,发现分离系数与家族公司价值呈负相关关系[④]。张华等(2004)全面系统地研究了我国民营上市公司终极控制人的控制权对企业绩效的影响,认为所有权与公司绩效存在正相关关系,即存在"利益汇聚效应",公司治理中普遍存在投票权与所有权的分离现象,且这种偏离和公司绩效呈现负相关关系,即存在"隧道挖掘"效应[⑤]。邓建平等(2005)通过分析被家族掌握的上市公司股利政策,发现我国家族上市公司的表决权与所有权

---

① Lemmon M L, Lins K V. Ownership Structure, Corporate Governance, and Firm Value: Evidence from the East Asian Financial Crisis[J]. The Journal of Finance, 2003, 58(4): 1445—1468.

② Peng, Mike W. , and YiJiang. Family Ownership and Control in Large Firms: The Good, the Bad, the Irrelevant and Why[J]. William Davidson Institute, 2006: 568—612.

③ Tianshu Zhang. The Separation of Cash-flow Rights and Control Rights: Corporate Governance, Firm Value and Dividend Payout[J]. 2015.

④ 苏启林,朱文. 上市公司家族控制与企业价值[J]. 经济研究, 2003, 8: 36—45.

⑤ 张华,张俊喜,宋敏. 所有权和控制权分离对企业价值的影响——我国民营上市企业的实证研究[J]. 经济学, 2004, 3(B10): 1—14.

二者之间的分离程度更高,利益挖掘动机更强①。叶勇和刘波等(2007)的实证研究中也证明了集中股权结构下的两权偏离与公司价值表现出负相关关系,且较为显著②,即公司价值会随着两权分离程度的提高而逐渐下降,而公司价值的下降不仅损害外部中小投资者权益,也会损害控制性股东的权益。叶勇和胡培等(2007)的研究认为大多数上市公司背后都隐藏着终极控制人,其运用金字塔结构等方式构建集中股权结构,形成对上市公司的实际控制,并因此使其所有权与控制权形成偏离,其分离幅与市场价值为反比例关系,容易造成终极控制股东对小投资者收益的盘剥,其中这种盘剥程度在家族终极控制股东的上市公司中表现更加明显。谷祺等(2006)的分析认为我国家族终极控股股东的上市公司所有权比例与公司价值为负相关关系,且显著,得出了与众多学者的研究不一致的结论,可能与满足高管逐利性需求等不正常的分红有关;我国家族终极控股股东上市公司投票权与公司价值成反比例关系,独立董事制度、资本结构、权益净利率与公司价值无关,公司规模与公司价值表现为负相关关系③。吴柄莹(2012)的研究结果表明:所有权、表决权和企业绩效为显著正相关,所有权与表决权越大,公司绩效越好;所有权与控制权的分离与公司绩效呈显著负相关,分离越大,绩效越差;同时经过分组对比,发现直接上市比间接上市的民营公司的两权分离度较低,减轻了分离度对企业绩效的负向作用;金字塔集中途径比直接控制途径会致使控制权对公司绩效的正向作用减弱④。宋小保(2013)研究发现两权分离程度的增加强化了过度投资行为,致使企业价

---

① 邓建平,曾勇.上市公司家族控制与股利决策研究[J].管理世界,2005(7):139—147.

② 叶勇,刘波,黄雷.终极控制权、现金流量权与企业价值[J].管理科学学报,2007,10(2):66—77.

③ 谷祺,邓德强,路倩.现金流权与控制权分离下的公司价值——基于我国家族上市公司的实证研究[J].会计研究,2006(4):30—36.

④ 吴柄莹.中国独立董事制度对财务管理的影响[J].经济研究导刊,2012(33):67—69.

值更低,负债融资代理成本更高[①]。

1.4.3 终极控制权下的负债融资与公司绩效

MM 定理将个人所得税及债务资金税盾效应引入模型,研究认为:负债越多,企业价值越大[②]。Jensen 和 Meckling(1976)研究认为:在公司规模一定的情况下,债务融资比例与股权融资比例成反向关系,即负债在资本结构中的比例越多,股东投资的比例越小,则管理层就可能获得更多的股份,这种结构会加大管理层的代理成本[③]。从而管理层就会减轻这种挥霍行为,于是债务资金的存在降低了代理成本。Myers 研究发现:在经理与股东利益一致时,能够降低代理成本,将会激励经理工作的积极性,放弃那些大部分收益属于债权人、留存企业较少,但能够增加企业市场价值的投资项目。Grossman 和 Hart(1982)研究认为,对经理实施有效的监督,减少偷懒和在职消费的问题,可以通过增加公司的债务融资占比,因为破产将会转移公司控制权,并使经理面临失业的威胁[④]。Harris 等以及 Stulz(1990)的研究发现,债权人从自身利益出发,降低经理层在债务企业的代理成本,保证债权的回收,可以在债务企业不能清产到期债务的情况下,向法院申请债务企业破产清算,债务资金能发挥破产威胁的治理效应[⑤]。

---

① 宋小保.股权集中、投资决策与代理成本[J].中国管理科学,2013(04):152—161.

② Modigliani F,Miller M H. The Cost of Capital,Corporation Finance and the Theory of Investment[J]. The American Economic Review,1958:261—297.

③ Jensen M C,Meckling W H. Theory of the Firm:Managerial Behavior,Agency Costs,and Ownership Structure[J]. Journal of Financial Economics,1976,3(4):78—79,305.

④ Grossman S J,Hart O D. Corporate Financial Structure and Managerial Incentives[M]. The Economics of Information and Uncertainty. University of Chicago Press,1982:107—140.

⑤ Harris M,Raviv A. Corporate Control Contests and Capital Structure[J]. Journal of Financial Economics,1988,20:55—86.

Ross 等（1977）认为公司负债权益比与其盈利能力正相关[①]。Heinkel（1982）与 Poitevin（1989）的发现进一步验证了 Ross 的研究成果[②③]。Parrino 和 Weisbach 通过构造模型，发现不管是分散股权结构还是集中股权结构中，均存在股东与债权人之间的矛盾与冲突，同时认为随着企业的负债权益比例提高，此类矛盾会更加尖锐[④]。

张兆国等（2006）研究发现，公司治理的有效性要受到资本结构的影响，公司绩效的升降则是公司治理有效性的具体表现方式[⑤]。汪辉（2003）研究表明我国上市公司负债融资比例不大，负债融资一定程度发挥了治理效应，有助于提高公司治理水平，提升公司绩效。但是这一效应在少数债务融资比例非常高的公司并不明显，因为过高的债务融资比使债务企业面临了更大的财务风险[⑥]。王锡熙、沈艺峰（2000）和吕长江、王克敏（2002）研究认为负债与公司绩效成正相关关系[⑦⑧]。陆正飞、辛宇（1998），李义超、蒋振声（2001）和肖作平（2003）研究发现财务杠杆与公司价值

① Ross S A. The Determination of Financial Structure：the Incentive-signaling Approach[J]. The Bell Journal of Economics，1977：23－40.

② Downes D H，Heinkel R. Signaling and the Valuation of Unseasoned New issues[J]. The Journal of Finance，1982，37(1)：1－10.

③ Poitevin M. Financial Signaling and the"Deep-pocket" Argument[J]. The Rand Journal of Economics，1989：26－40.

④ Parrino R，Weisbach M S. Measuring Investment Distortions Arising from Stockholder-bondholder Conflicts[J]. Journal of Financial Economics，1999，53(1)：3－42.

⑤ 张兆国，闫炳乾，何成风.资本结构治理效应：中国上市公司的实证研究[J].南开管理评论，2006，9(5)：22－27.

⑥ 汪辉.上市公司债务融资、公司治理与市场价值[J].经济研究，2003，8：28－35.

⑦ 洪锡熙，沈艺峰.我国上市公司资本结构影响因素的实证分析[J].厦门大学学报，2000(3)：114－120.

⑧ 吕长江，王克敏.上市公司资本结构、股利分配及管理股权比例相比作用机制研究[J].会计研究，2002(3)：39－48.

之间呈负相关关系[1][2][3]。徐晓东和陈小悦(2003)对上市公司股权结构与企业绩效之间的关系进行的经验研究说明,我国尚未建立外部中小投资者的利益保护机制,外部投资者多通过"用脚投票"表达对上市公司的不满,流通股比例越高,集中程度越高,其与公司绩效之间存在负相关关系[4]。肖作平和廖理(2007)从代理成本理论出发,分析我国缺乏较强的债权人权益保障机制前提下,实证检验了终极控股股东对公司债务期限结构选择的作用[5]。刘志远等(2008)认为国有企业具有良好的政治关系,国有性质上市公司具有更长的债务期限结构,短期债务比例较低,并对企业终极控制人行政级别的高低进行分组研究,认为终极控制人具有较低的行政级别,债务资金表现为更长的期限结构[6]。韩亮亮和李凯(2008)研究认为,民营终极控股股东对负债融资的利益转移效应和破产威胁效应做出了壕沟防守,同时增加了公司的代理成本,从而降低公司绩效[7]。洪爱梅(2011)对我国电子类上市公司进行实证研究,主要分析了企业负债资金、负债期限构成以及债权结构与企业经营业绩的相关关系,发现负债资金、负债期限和债权结构等债务债权均与经营绩效存在负相关关系,而由于赊销给购买方提供的信用资金与经营绩效之间虽然存在负相关关系,

---

① 陆正飞,辛宇.上市公司资本结构主要影响因素之实证研究[J].会计研究,1998,8(36,39).

② 李义超,蒋振声.上市公司资本结构与企业绩效的实证分析[J].数量经济技术经济研究,2001,18(2):118−120.

③ 肖作平.股权结构、资本结构与公司价值的实证研究[J].证券市场导报,2003(1):71−76.

④ 徐晓东,陈小悦.第一大股东对公司治理、企业业绩的影响分析[J].经济研究,2003,2(10):64−74.

⑤ 肖作平,廖理.大股东、债权人保护和公司债务期限结构选择——来自上市公司的经验证据[J].管理世界,2007,10:99−113.

⑥ 刘志远,毛淑珍,乐国林.政府控制、终极控制人与上市公司债务期限结构[J].当代财经,2008(1):102−108.

⑦ 韩亮亮,李凯.控制权、现金流权与资本结构——一项基于我国民营上市公司面板数据的实证分析[J].会计研究,2008(3):66−73.

但并不显著。同时研究发现,绩效指标中的综合指标优于单项指标①。黄文青(2010,2011)对我国2008年的上市公司进行研究,分析了负债的规模、来源及期限水平对公司治理效率的影响,认为:资本结构与公司治理效率表现为负相关关系且显著;赊购产生的信用资金和银行债务资金均与公司治理有效性负相关,但并不显著;负债期限水平和债券筹资比例均与公司治理效率呈正相关关系且变量间关系显著②③。刘晨曦等(2011)对江苏省民营上市公司进行实证研究,认为只有公司负债比例小于80%时,资产负债率才与公司绩效存在负相关关系④。谢德明(2012)认为控制性股东两权偏离幅度越大,债权人风险越大,终极控制人能获得的流动负债不多,债务资金的破产清算效应和控制效应作用越明显;上市公司资本机构中的债务资金就越少,从而表现出了较好的公司绩效,也就是说债务资金对控股股东的资本结构选择活动产生了正向引导作用⑤。张荣艳等(2013)以沪市A股上市公司为样本,研究债务资金结构对公司绩效的影响,发现不同的债务期限结构均与公司业绩呈现负相关关系⑥。刘玉芹(2014)研究认为:房地产上市公司更偏好于流动负债筹资,因而加大了上市公司的财务风险,这种偏好对公司业绩产生了显著的负向影响⑦。陈闰芝、胡洁怡(2014)以我国制造业上市公司作为样本进行了实

---

① 洪爱梅.通货膨胀下的企业长期投资分析[J].商业会计,2011(24):13-15.

② 黄文青.我国上市公司债权融资的治理效应研究[J].财经问题研究,2010(8):69-72.

③ 黄文青.债权融资结构与公司治理效率——来自中国上市公司的经验证据[J].财经理论与实践,2011,32(2):46-50.

④ 刘晨曦,耿成轩.江苏省民营上市公司债务融资与企业绩效的实证分析[J].经济研究导刊,2011(30):206-208.

⑤ 谢德明.终极控制人负债融资与公司绩效实证研究[J].商业会计,2012(14):95-97.

⑥ 张荣艳,章爱文,白夏茜.上市公司负债融资结构对企业绩效影响研究——以沪市100家上市公司为研究对象[J].财会通讯,2013,(24):80-82.

⑦ 刘玉芹.房地产上市公司负债融资对公司绩效的影响研究[J].中国商贸,2014(6):85-86.

证研究,认为债务资金水平给公司代理资金的同时加大了财务风险及控制股东转移利润及资源的风险,其与公司绩效表现出了显著负相关关系;并且利润增长较忙时,这种负向作用越明显[①]。

1.4.4 文献评述

根据对国内及国外相关研究文献的梳理,我们可以看到:对公司治理中股权结构领域的研究,经历了从 BM 范式假设到 LLSV 范式假设的转变。BM 研究范式研究的前提是分散股权结构,重点是解决所有者与经营者的代理冲突;LLSV 研究范式研究的前提是集中股权结构,重点是解决大股东与中小股东及债权人的代理成本。

1.终极控制权与负债融资

目前对终极控制权与负债融资关系的研究,主要从终极控制权自身的特征研究负债资金在总资本中的比例即资本结构问题展开,对终极控制权的所有权属性及终极控制人的背景特征对资本结构影响的研究较少,并且在研究过程中,对于终极控制权的认识,主要关注在大股东层面,很少追查至隐藏于其背后的终极控制人,缺乏对影响资本结构根本原因的探析。在研究债务期限结构的选择时,较少的文献从终极控制权的角度出发进行研究。以往的相关研究,主要从公司治理的内部因素展开,侧重于从管理层持股及大股东角度对负债资金内部长短期负债的结构安排。此类研究,缺乏对深层次原因的解析。

事实上,在集中股权结构下,终极控制人对资本结构及债务期限结构的安排具有决定作用。并且在上市公司多为国家控制,缺乏完善的投资者法律保护的中国,对此问题的分析更具有研究价值。因此,本书选择与以往研究不同的处理,追溯上市公司的

---

① 陈闽芝,胡洁怡.不同成长机会下负债融资对公司绩效影响的实证研究——来自我国制造业上市公司的经验证据[J].市场周刊,2014(9):21-23.

实际控制人,对其实现控制所表现出的异质性特征(控制权特征、控制权性质及控制权背景特征)进行分析,研究其与负债融资的关系。

2.终极控制权与公司绩效

自 LLSV 开始,国外学者以终极控制股东行为为研究主题,分析了控制股东与中小股东的代理成本,提出了新的研究方向。国外其他学者沿用 LLSV 的研究方法,通过金字塔结构控制关系,查找终极控制人,分析了不同国家及地区终极控制人隧道行为对企业价值的影响,得出了不同的结论。

我国的上市公司与国外存在着明显的差异,上市公司的形成有其特定的演进过程,表现出了不同的控制特征。并且在处于经济转型过程中,终极控制人的利益侵占更为普遍,对经济及资本市场的发展危害更为明显。但国内对于终极控制人的利益侵占行为的研究起步较晚,在股权分置阶段,存在流通股和非流通股的区别,对此类研究的分析从股东的不同分类出发,缺乏和国外研究相同的研究分类前提,以往的研究以案例分析为主,分析大股东行为对中小股东的侵害。这种分析方法对水平股权结构代理问题的研究具有一定的适用性,但在复杂股权结构下,其与 LLSV 的研究由于环境因素的差异,对中小股东利益侵占的研究可能会产生偏差。

国内真正从终极控制人的角度出发,研究终极控制权与公司绩效的关系,自 2003 年开始。但由于研究起步较晚,加之我国资本市场的特殊性及证监会要求从 2004 年起上市公司公布实际控制人信息,虽然取得了一定的研究成果,但研究还不够全面系统。目前主要的研究多停留在大股东层面,很少从终极控制人角度出发进行分析,这些研究虽然涵盖了终极控股股东的所有权属性、股权的集中程度及所有权和控制权两权分离,但对于在集中股权结构下,控制权的特征与公司绩效的关系尚未形成一致的结论。控股股东通过超额控制权,有强烈的欲望及能力挖掘上市公司资源,侵占中小投资者利益。因此,只有从终极控制人层面出发,研究其控制行为表现特征对公司绩效的影响,才能真正识别隧道挖掘行为的根源,才能有效抑制终极控制人的利益侵占行为。

3.终极控制权下的负债融资与公司绩效

理论上,负债资金相比权益资金而言,具有更低的资本成本。在筹资过程中,引入债务资金,发挥债务资金的节税效应,控制财务风险,能够降低综合资本成本,优化资本结构,进而提高公司绩效。国外学者的研究结论表明,负债权益比与公司价值正相关。负债水平对公司价值有着正向作用,负债融资对公司治理有效性产生了积极的作用。

国内学者的理论分析及实证研究却并未支持国外的研究结论,多数研究表明债务融资对公司治理的无效性。有的学者发现我国上市公司负债融资比例不大,负债融资一定程度发挥了治理效应,有助于提高公司治理水平,提升公司绩效。但是这一效应在少数债务融资比例非常高的公司并不明显,因为过高的债务融资比使债务企业面临了更大的财务风险;有的学者的研究甚至发现财务杠杆与公司绩效存在负相关关系。

负债融资与公司绩效的关系在我国尚未形成一致结论,其公司治理的效率还是一个值得研究的问题。并且,国内对负债融资治理效应的研究侧重于从内部人控制等角度认识,未从终极控制权的角度对研究的问题进行分类。鉴于此,本书从终极控制人的视角出发,研究控制权的不同类型对负债融资选择的影响,进而发现其对公司绩效的间接作用。

1.5　本书技术路线图

本书首先对相关的文献进行分析,对公司治理理论、负债融资理论以及我国金字塔股权结构的演进进行描述,在此基础上分析了终极控制权对负债融资的影响、终极控制权对公司绩效的影响,并进一步研究了终极控制权视角下的负债融资与公司绩效的关系,最后根据以上分析,提出了基于新的公司治理视角下的研究结论。为了更好地解释本研究的思路,现将本书技术路线图绘出,如图1-4所示。

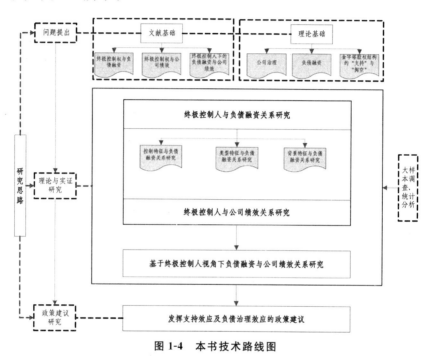

图1-4　本书技术路线图

1.6　本书的内容安排

1.6.1　研究内容

第1章,绪论。叙述本书的研究背景、意义等。本书遵循了"资产=负债+所有者权益"的研究思路,故文献综述也沿此主线展开。基于研究对象的进一步认识,本章详细分析了金字塔集中所有权结构的相应知识。文献综述分为三部分:一是关于终极控制权与负债融资研究的文献综述;二是终极控制人与公司绩效研究的文献综述;三是终极控制人视角下的负债融资与公司绩效研究的文献综述。介绍了本书的结构安排和所采用的研究方法,最后说明本书的主要创新点。

第 2 章,理论基础和我国金字塔股权结构演进。总结了公司治理和负债融资的相关理论,重点介绍了 BM 研究范式理论、LLSV 研究范式理论、资本结构理论和债务期限结构理论。分析我国经济体制改革及经济转型中,国有和民营上市公司金字塔持股结构形成的历史演进,为后续研究提供了基础。

第 3 章,关于终极控制人全面特征与资本结构与债务期限结构关系的研究。本章选取了我国 2011—2013 年 2511 家上市公司为研究样本,从终极控制人的控制特征、类型特征和背景特征三方面分析了其与资本结构和债务期限结构之间的关系。

第 4 章,关于终极控制人主要特征在集中股权结构下与公司绩效的研究。通过对样本公司进行的实证研究,分析了终极控制人的控制权等不同特征与公司绩效之间的关系。

第 5 章,在金字塔持股结构下,基于终极控制人的视角,实证分析了特定股权结构中资本结构的安排和债务资金比例构成与公司绩效的关系。实验分析了终极控制人不同所有权性质对于资本结构选择的影响和债务期限结构的安排。

第 6 章,发挥支持效应和负债治理效应的政策建议。分别从完善上市公司内部监督机制及完善对投资者保护两个大的方面进行论述,分析了基于终极控制人背景下的公司治理机制及负债的相机治理效应的政策建议。

第 7 章,总结与展望。基于前文各章节的实证分析,概括全文的主要研究结论,最后指出本书研究的局限和研究展望。

1.6.2　研究方法

本书采用理论分析和实证研究相结合,以实证研究为主的方法。

在理论分析方面,主要采用规范分析的方法,在系统梳理国内外相关文献的前提下,以代理成本理论和信息不对称理论等作为理论研究基础,分析金字塔持股结构下,终极控股对负债融资、公司绩效等影响及其关系;从国有上市公司及民营上市公司两个角度梳理和分析了我国金字塔股权结构的演进。在第3章、第4章及第5章中,根据各自的理论分析,得出了相应的研究假设。

在实证研究方面,主要通过设计变量、构建模型、收集与整理数据,借助于 Excel 和 Eviews 等软件,运用了描述性统计分析、多元回归分析、分组比较分析等手段,分析了终极控制人控制特征、类型特征及背景特征与负债融资的关系;终极控制人与公司绩效的关系;从终极控制人的研究角度出发,分析了负债融资与公司绩效的关系,验证所提出的各项研究假设,从而得出了如何发挥金字塔股权结构的"支持"效应和负债的相机治理效应的政策建议。

1.7　本书的主要创新点

在系统归纳分析以前的相关研究文献的基础上,本书对终极控制权、负债融资及公司绩效进行了理论分析及实证研究,创新性工作主要体现在以下三个方面。

(1)拓宽了集中股权结构下终极控制权异质性特征及负债融资的研究内涵。

以终极控制权为研究视角,分析其对债务融资选择的决定作用机制。在理论及实证分析中,突破以往对负债融资单纯结构及终极控制权单一特征的研究局限,将终极控制权对资产负债率即资本结构构成进行细致的分析,同时也关注了集中股权结构下终极控制权对债务融资期限水平构成的影响机制。并且将终极控制人的全面特征引入实证分析中,全面解析了其不同特征表现对处于终极控股股东控制的上市公司中债务资金的选择与安排的作用机理。

(2)拓宽了集中股权结构下研究公司绩效影响因素的新视角。

运用终极产权理论从公司治理内部终极控股股东的因素考察终极控制人代理成本与公司绩效(价值)的关系。实证检验终极控制人代理成本与公司绩效时,突破以往仅研究终极控制人的研究局限,不仅将终极控制人的控制特征引入模型,而且将终极控制人的类型特征引入模型,综合考察终极控制人的典型控制特征在第二类委托代理理论中的适用性,找到了降低第二类代理问题的途径。对终极控制权所有权属性对公司绩效的影响分析,理论支撑了我国集中股权结构演进的分析。

(3)探索了集中股权结构中产权性质通过筹资行为对公司绩效的间接作用机制。

相比前人的研究,本书从产权性质和集中产权特征实证分析终极控制人视角下,不仅分析了债务规模及其期限水平对上市公司绩效的作用,并将集中股权结构下所有权与控制权的差异程度引入检验模型中。终极控股股权结构下的上市公司负债融资行为安排以及债务资金治理效应,是影响经营绩效的主要原因。

第2章 理论基础与我国金字塔股权结构演进

2.1 公司治理相关理论

在现代企业制度不断发展的背景下，公司的出现打破了原有企业所有权和经营权合二为一的局面。随着公司所有权和控制权的相互独立，公司治理进入学者们的研究视野。亚当·斯密曾于1776年在其发表的著作《国富论》中阐述，被雇管理且不具有股权的管理者在工作中不会尽全力如同雇主一样，私企与股份制公司相比，在产权制度上更具优势。两权分离代理问题就是拥有经营控制权的经理层存在职务消费及道德风险，由此产生了代理成本，这与失去经营控制权的所有者的目标并不一致。如何激励和约束经理层并使之为实现公司的财务经营目标而努力工作是公司治理的关键问题。由于信息不充分、不对称的影响使得股东和经营者难免出现一些相关成本，对此的研究是公司治理的主要问题。

综合公司治理的国内外研究文献，本书认为狭义的公司治理是指上市公司各利益相关者如董事、股东等在权力、分工、权益等方面的契约；广义的公司治理是指公司投票权和剩余求偿权分配的一种契约。

2.1.1　BM 研究范式理论

1932 年 Berle and Means 发表了具有划时代意义的研究结论,首次阐述了公司所有权与投票权相互独立的观点,之后的半个多世纪的研究大多围绕着"强管理者、弱股东"式分散所有权的研究范式展开。

在 BM 范式下的理论模型存在两个重要前提,即公司的现金流权与表决权存在一一对应关系,公司的实际控制人是公司的内部管理层;公司内部管理层调整自身的持股比例,进而对公司绩效产生影响。

在 BM 范式下,解释的理论基础来源于代理理论,研究焦点是管理者的持股比例对公司绩效(价值)的影响,相关的理论模型主要包括:Jensen and Meckling(1976)所提出的委托代理模型,该模型说明,公司价值将随着管理者持股比例的提高进而可以削弱其获取非货币性收益的动机而提升[1]。Jensen(1986)研究又发现,通过管理者增加持股比例对自由现金流的负影响也可促进公司价值提升,也就是"利益积聚假说"(Convergence-of-interests)[2]。Leland and Pyle(1977)的信号传递模型,在模型中,认为公司内部人的持股比例提供了公司质量的重要信号,不同风险偏好的内部人持股比例传递不同的风险,在衡稳态势下该持股比例与公司质量、公司价值正相关[3]。Myers and Majluf(1984)的信息不对称模型指出融资方式是传递喜好的一种手段,在信息不对称

---

[1]　Jensen,Meckling W H. Theory of the Firm: Managerial Behavior, Agency Costs,and Ownership Structure[J]. Journal of Financial Economics,1976,3(4):78—79, 305.

[2]　Jensen M C. Agency Costs of Free Cash Flow, Corporate Finance, and Takeovers[J]. The American Economic Review,1986:323—329.

[3]　Brealey R, Leland H E, Pyle D H. Informational Asymmetries, Financial Structure, and Financial Intermediation[J]. The Journal of Finance,1977,32(2):371—387.

因素的影响下,管理者较投资者掌握更多的投资与收益的实况信息,因此在投资者进行投资决策时起到信息桥梁的作用[①]。公司发行新股能稀释原有投资者及管理者的股权比例,降低公司的现有价值。Stuz(1988)的公司控制权模型探讨了公司的控制权与公司价值的关系,管理者提高控制权将增加要约收购的溢价,降低公司被收购的风险;在所有权分散的情况下,将管理者的控制权提高至其持股比例,从而此模型解释了公司价值与管理层持股比例之间的曲线关系。Harris and Raviv(1988)的购并竞争模型主要关心管理层的持股比例以及被其操纵公司并购的可能性,因此当管理者持股比例较低时,其持股比例与公司价值正相关,但如果其持股比例太大,随着其持股比例增加,公司价值将会减少[②]。Shleifer and Vishny(1986)的外部大股东监督模型指出,在并购中外部大股东将面临外部性问题,它能够发挥监督作用,其作用有利于解决中小股东的"搭便车"问题[③]。外部大股东能够监督公司管理者,其持股比例越高,越有利于公司价值提升。

总结以上 BM 范式模型,本书认为:公司管理层所持股份比重相对较低,提高其持股比例将具有正向作用,可以提升公司价值;如果管理者的股权比例过高,对管理者的约束机制将降低,使公司价值下降;外部大股东的引入能够强化对公司管理者的监督和约束,外部大股东的持股比例也与公司价值有正向影响。Morck 等(1988)、McConnell 和 Servaes(1990)的实证结果也验证

① Myers S C,Majluf N S. Corporate Financing and Investment Decisions When Firms Have Information That Investors Do Not Have[J]. Journal of Financial Economics,1984,13(2):187—221.

② Harris M,Raviv A. Corporate governance:Voting Rights and Majority Rules [J]. Journal of Financial Economics,1988,20:203—235.

③ Shleifer A,Vishny R W. Large Shareholders and Corporate Control[J]. The Journal of Political Economy,1986:461—488.

了以上观点①②。

Jensen and Meckling 的委托代理理论首次阐述了代理成本的概念,对委托代理关系中的所有者和经营者的矛盾与冲突所导致的价值损失进行了详细的分析。但 BM 范式的"强管理者、弱股东"假设在 20 世纪 90 年代末受到了 LLS(1999)、Claessens(2000)等的研究成果的挑战。

2.1.2　LLSV 研究范式理论

根据 2.1.1 节的分析,BM 范式研究仅仅适用于所有权分散的股权结构的公司,自 20 世纪 90 年代以来各相关研究表明,基于国家(家族)控制和所有权集中的所有权结构才是当今世界企业的主导形态。终极控制人为了谋求控制权私利,具有强烈的动机采用金字塔等方式强化对目标公司的有效控制,这些繁杂的控制结构致使终极控制者的投票权和所有权相脱离,偏离了 BM 范式"同股同权"的假设。

控制权和现金流权分离产生了实际控制人与中小股东的代理成本,这就是委托代理理论的第二类代理问题。在集中的股权结构情况下,现代企业也出现了内部控制性股东和外部中小投资人之间的冲突。从理论上讲,终极控制人利用多条或者足够长的控制链条,就能实现以最小的投资掌握上市公司最大的投票权。因为金字塔下的终极控制人所有权和投票权的相互脱离,终极控制人投入资金较少,其利益侵占会致使公司价值损失,终极控制人承担的成本就较小,但能够实现控制权超额私利,从而形成了终极控制人利益侵占的动机,这种侵占行为加大了公司治理代理成本。

---

① Morck R, Shleifer A, Vishny R W. Management Ownership and Market Valuation: An Empirical Analysis[J]. Journal of Financial Economics,1988,20:293—315.

② McConnell J J, Servaes H. Additional Evidence on Equity Ownership and Corporate Value[J]. Journal of Financial Economics,1990,27(2):595—612.

Bebchuk(1999)发展了一个有关公司所有权结构的护租理论,他认为股权集中程度受多个因素的影响,控制权私有收益是这些因素中的关键[①]。为了获得更多超额控制权私有收益,终极控制人会通过集中的股权结构安排,实现其价值最大化目标,而分散的所有权结构是非平稳、非均衡结构,外部竞争者总会尝试获得控制性股份以获取控制权私利。

La Porta、Lopez-De-Silanes、Shleifer and Vishny(2002)的研究提出了两个重要的概念,发展了 Jensen and Meckling(1976)的理论,即控制权私利(private benefits of control)与投资者保护(investor protection)[②]。终极控制人攫取控制权私利的能力及成本受上市公司的股权结构和政府对中小投资者的保护程度,从而影响上市公司价值。也就是说,上市公司终极控制人在采用控制结构分离控制权和现金流权时,国家对投资者保护程度具有调整所有权结构和控制权私利的能力。传统金融契约理论认为在契约体系有效和完备的前提下,契约能够起到保护投资者利益的作用。但 LLSV 理论分析了公司治理受国家法律、投资者保护措施的影响,认为在对投资者保护效果差及在缺乏投资者保护相关法律法规的国家,所有权越集中,最终控制者谋取控制权私利的空间与企业价值负相关。LLSV(2002)以 Edwards 和 Weichenrieder(1999)的研究为思路,将投资者保护变量加入模型中[③]。

模型假定公司有一个最终控制股东,最终控制股东持有的现金流量权为 a,公司现金流量为 I,将现金投资到一个投资报酬率为 R 的项目。由于控制权被控制性股东掌握,没有按照分配比例对所有股东进行利润分配。将利润以股利分配的方式分配给

---

① Bebchuk L A. A Rent-protection Theory of Corporate Ownership and Control [R]. National Bureau of Economic Research,1999.

② Jensen M C, Meckling W H. Theory of the Firm: Managerial Behavior, Agency Costs, and Ownership Structure[J]. Journal of Financial Economics,1976,3 (4):78—79,305.

③ Edwards J S S, Weichenrieder A J. Ownership Concentration and Share Valuation: Evidence from Germany[R]. EPRU Working Paper Series,1999.

所有股东之前,最终控制股东把公司盈利中 s 比例的控制权私利转移到自己名下,但法律规章会制约最终控股股东的此种行为,致使控制性股东要消耗 $c(k,s)$ 比例支出,k 表示法律保护效果,最终控制股东私有收益是 $sRI - c(k,s)RI$。其侵占的边际成本随法律对投资者权益的保护完善程度逐渐增大。控制性股东的总收益为 $a(1-s)RI + [sRI - c(k,s)RI]$,最终控制人可以得到的控制权私利为 $sRI - c(k,s)RI$。最终控制股东收益的最大值表示为 $max[a(1-s)RI + sRI - c(k,s)RI]$,简写为 $max[a(1-s) + s - c(k,s)]RI$,对其收益求极大值。LLSV 的研究得出以下结论:一国的投资制度越健全,对中小股东利益保护程度越高,公司价值越高,控制性投资者对中小投资者的侵占程度也较低;公司的控制性投资者为了以较低的成本攫取较高的控制权,往往采用金字塔结构等控制性结构,控制性结构导致了上市公司代理成本的提高,分离程度越高,对中小股东侵占的动机和能力越强,公司价值越低。

Bebchuk(1999)、Dyek 和 Zingales(2001)的实证分析都验证了 LLSV 的结论,在保护程度较差及缺乏法律保护的国家,终极控制人具有较高的获取控制权私利的能力[①]。王力军(2007)通过相关模型对公司股权构成、投资者受法律保护及其对企业价值的影响三者间的关系进行了研究,研究认为集中股权结构会带来收益,同时也会产生成本;我国公司治理中存在着第二类代理问题,也就是中小股东与大股东之间的矛盾与冲突[②]。

[①]　Bebchuk L A,Roe M J. A Theory of Path Dependence in Corporate Ownership and Governance[J]. Stanford Law Review,1999:127—170.

[②]　王力军.金字塔控制、关联交易与公司价值[J].证券市场导报,2006:2.

2.2　负债融资相关理论

1958 年由 Modigliani 和 Miller 所提出的 MM 理论[①]揭开了负债融资理论被广泛应用于负债和所有权选择的序幕,基于本书的研究是从最终控制权视角来探析公司资本构成和负债期限结构的,因此,我们将仅就与终极控制权人对公司资本构成和负债期限结构的理论进行简要描述。

2.2.1　资本结构理论

1.代理成本理论

Jensen 和 Meckling 于 1976 年提出了代理成本理论[②]。该理论总结划分了两种公司中存在的利益矛盾:所有者与经理层间的利益矛盾和债权人与所有者间的利益矛盾。在公司中,由于管理者不能完全获得公司的剩余权益,因而他们的努力付出就与收获不成正比,劳动成果就必须与其他股东共享。因此,经理层存在严重的工作动力不足的问题。甚至存在严重的工作重心偏离,以个人利益为第一位目标,如提升自身福利待遇和改善办公条件等无益于公司发展的做法,因此产生了此类矛盾。经理层的这种偏离股东利益的做法与其持有公司的股份成负相关关系。经理层的这种偏离股东利益的做法所带来的无效率被称为外部股东代理成本。基于所有权人有权分享剩余利益及所需承担的有限责任,因而当其面临某项投资时所能产生的收益远远高于其所需承

---

① Modigliani F, Miller M H. The Cost of Capital, Corporation Finance and the Theory of Investment[J]. The American Economic Review, 1958:261－297.

② Jensen M C, Meckling W H. Agency Costs and the Theory of the Firm[J]. Journal of Financial Economics, 1976, 3(4):305－360.

担的债务时,所有权人也会冒险投资于高风险的项目,以期获得超额收益。而由此所产生的高风险则主要由债权人来负担。当债权人发现所有者有此类选择倾向时就会通过提高债务成本来进行风险补偿,这是由于"隐形资产转移"或"非理性投资"所导致的公司价值的降低即负债融资代理成本。该理论认为,应通过优化企业资本结构的方法来解决代理问题,伴随着权益—负债比率的变化,公司选取的目标资本构成应能够使代理成本降至最低,进而促使企业价值达到最大化。

此后 Grossman 和 Hart(1980)发现在分散的股权结构中,由于信息不对称,股东很难对管理层实行有效的监督,管理层的代理成本对公司价值产生了负向影响[①]。Shleifer 和 Vishny(1986)则认为即便存在理想的市场,控制性股东的存在不仅可以降低小股东搭监督的便车,而且还为通过并购行为实现规模效应提供了便利条件[②]。Stulz(1988)则从如何降低管理层代理成本出发,研究了可以通过调整管理层持股安排,实现最优的公司治理结构[③]。

2.控制权理论

该理论自 20 世纪 80 年代末出现以来,其领域就被学术界展开了十分活跃的研究,获得了很多具有开创性的研究结果。资本结构理论在降低代理成本时强调现金流作用,并且开始考虑控制权的作用,以债务融资为核心来设计管理层激励机制,对管理层的激励作用不仅仅包含现金流权收益,也包含控制权收益,是广义上的利益。由于普通股具有投票权但债务不具有投票权,因此企业资本构成不仅可以影响现金收益流,也会对企业投票权的分配造成影响。该理论中的代表模型主要是 HR(Harris 和 Raviv,

---

① Grossman S J, Hart O D. Takeover Bids, the Free-rider Problem, and the Theory of the Corporation[J]. The Bell Journal of Economics, 1980: 42—64.

② Shleifer A, Vishny R W. Large Shareholders and Corporate Control[J]. The Journal of Political Economy, 1986: 461—488.

③ Stulz R M. Managerial Control of Voting Rights: Financing Policies and the Market for Corporate Control[J]. Journal of Financial Economics, 1988, 20: 25—54.

1988)模型和 AB(Aghion 和 Bolton,1992)模型。

HR 模型认为,增加财务杠杆可以看作是一种反收购的方式,改进股权分布可以通过增加债务杠杆手段进行,从而对收购活动产生影响,降低收购活动成功的概率。因此,债务融资的变动是一种反收购的手段。该模型主要就所有权人和经理人员间的代理成本问题展开讨论,该理论假设经理层可以同时从所持股份和所掌握的投票权中取得利益,但由于存在代理成本问题,经理层并不会以股东收益最大化作为考虑问题的出发点,因而只有通过找到一种合适的监管途径来对管理层进行必要的监管和制约,才能在最大限度上降低代理成本。而通过债务这一途径,股东可以从法律层面上要求经理层提供有关公司经营管理等相关信息,进而可以在获取真实可靠信息的前提下做出正确的选择和决策。AB 模型研究了公司融资合同与公司控制权分配和转移的关系。公司的控制权分配和转移是普通股股东、优先股股东和债权人之间的均衡过程。

3. 权衡理论

权衡理论阐明了最优资本结构是对负债融资进行风险考量时,在均衡考量负债利息的抵税效应与可能引发的财务风险成本的基础上,实现公司价值最大化的资本结构的选择。债务资金给企业带来的成本称为财务困境成本,包括直接成本和间接成本。企业因破产、清算或重组发生的相关费用即直接成本。企业负债过多带来较大的财务风险,导致的企业信用状况的恶化以及由于持续经营能力下降所带来的损失即间接成本,间接成本的衡量比较困难,这就从一定意义上分析了债务融资不能作为公司全部的资本来源的理论依据。因此应充分考虑两者的优劣,找到最佳均衡点以实现企业价值最优。

2.2.2　债务期限结构理论

1.税收假说

在当今世界各国,负债利息在税收抵扣方面具有减少公司税负的作用。但债务长短期限的不同对减少税负的效果也存在较大影响,这主要与利率的长短期构成、波动幅度和税率高低密切相关。追求达到企业价值最大化的目标,企业需要找到最佳负债期限构成。Brick 和 Ravid(1985,1991)分别在利率平稳和利率不平稳的情况下加入了负债期限税收假说,在分析利率确定情况下债务期限选择的税收动机时指出,基于可能存在公司违约的可能性,所以,在利率期限构成非平稳的状态下,承担缴税责任的公司的未来价值就在很大程度上被其负债期限构成所决定[①]。得到如下结论:在利率期限构成曲线向上发展时,公司更倾向于进行长期负债;如果利率期限构成曲线向下发展,则公司更倾向于进行短期负债。Brick 和 Ravid(1991)在利率不稳定时进行负债期限决策的税收动机分析中指明,在利率长短期构成曲线不稳定时,公司只能通过选择长期负债来获得最大的避税效应[②]。Scholes 和 Wolfson(1992)发现,公司存在高的边际税率时,其利息费所发挥的抵税效果显著,则通过长期债券能达到更好的避税效果,而当企业边际税率较低时,通过发行长期债券所获得的避税效应会减弱,所以负债期限与边际税率正相关[③]。Leland、Toft(1996)认为,公司应对税负能力的强弱对负债期限构成的选择也

---

①　Brick I E, Ravid S A. On the Relevance of Debt Maturity Structure[J]. The Journal of Finance, 1985, 40(5): 1423−1437.

②　Brick I E, Ravid S A. Interest Rate Uncertainty and the Optimal Debt Maturity Structure[J]. Journal of Financial and Quantitative Analysis, 1991, 26(01): 63−81.

③　Scholes M S, Wolfson M A, Erickson M, et al. Taxes and Business Strategy: A Planning Approach[M]. Englewood Cliffs, NJ: Prentice Hall, 1992.

有影响,在公司的收益曲线斜率大于零的情况下,长期负债融资能起到更好的抵税效应,且这种效应与企业的边际税率正相关[①]。

2.期限匹配假说

期限匹配假说研究提出,企业应该将负债的长短期与企业所持有的资产的长短期对照起来,长期资产通过长期债务融资,短期资产通过短期债务融资。该理论由 Morris(1976)提出,得到通过运用资产的期限特点来进行债务的期限选择,能有效降低因公司现金流量的不足而产生的可能不能按期支付负债利息和投资的风险[②]。如果负债偿还期比资产存续期短的话,资产就可能不能产生足量的现金流用以偿还到期债务;如果负债偿还期比资产存续期长,则也可能会出现资产的使用期限不足以支持到负债偿还期。Myers(1977)在研究中发现,合理配置公司资产和负债的期限构成能有效克服投资不足的问题。他分析指出,企业往往会在某项资产结束时需要重新选择新的投资项目[③]。若企业之前所发行的债务到达偿还期限则会导致企业在可能的投资机会下出现一些投资激励,从而可以避免企业管理者从投资项目中撤出他们的人力资本的风险。Hart 和 Moore(1995)建立的多时期债务动态理论模型也证实了 Myers(1977)的观点[④]。所以,当公司在面临负债期限构成决策时就应当充分考虑资产的期限类型,以降低公司经营风险。

① Leland H E, Toft K B. Optimal Capital Structure, Endogenous Bankruptcy, and the Term Structure of Credit Spreads[J]. The Journal of Finance, 1996, 51(3): 987−1019.

② Morris. A Model for Corporate Debt Maturity Decisions [J]. Journal of Financial and Quantitative Analysis,1976b:339−357.

③ Myers S C. Determinants of Corporate Borrowing[J]. Journal of Financial Economics, 1977, 5(2): 147−175.

④ Hart O, Moore J. A Theory of Debt Based on the Inalienability of Human Capital[R]. National Bureau of Economic Research, 1995.

3.信息不对称假说

信息不对称可以表述为企业内部管理人员由于可以获得公司经营的一手资料,因此总是要比企业外部的利益相关者和参与者对企业的现实经营状况和获利水平有更为准确和全面的认识,这种情况也是经济学中由于不完全市场所带来的一种后果。信息不对称这一假说得出结论:针对这种由于信息传递不均衡所导致的市场失灵状况可以运用资本的负债期限构成的不同来解决。Flannery(1986)通过研究分析认为,因为长期金融负债会带来更高的成本,特别是信息成本,因此存在信息不对称较为严重的企业(如处于快速发展阶段的企业)会倾向于发行期限较短的债券。而信息不对称现象出现不严重的企业则更倾向于发行期限较长的债券。由此我们认为,信息存在不对称的高低程度应该与负债期限构成呈负相关关系。

2.3　金字塔股权结构的"支持"与"侵占"

La Porta、Lopez-de-Silanes and Shleifer(1999)突破传统研究股权结构的束缚,追溯所有权关系链探寻股东背后的终极控股股东,开创性地给出金字塔结构的概念,提出:"我们定义一个公司的股权结构为金字塔,如果:①公司存在一个终极所有人;②至少有一个中间上市公司存在于公司和最终所有人之间的至少20%投票权的控制链链条上,并且100%拥有的不算一个层级,金字塔结构中必须有上市公司在其中①。"

在公司治理领域的文献认为,金字塔股权结构是终极股东利用较低的现金流权对企业实现有效控制的主要方式之一。金字

---

①　Porta R,Lopez-de-Silanes F,Shleifer A. Corporate Ownership Around the World[J]. The Journal of Finance,1999,54(2):471—517.

塔结构是控股股东实现私有收益的途径,广泛存在各国公司的所有权结构中,其导致利益侵占行为是这种结构的必然结果。然而,控制性股东仅是利用这种股权结构来转移资源,攫取控制权私有收益,那么当理性的小股东发现这一问题时,金字塔股权结构就不可能在各国范围内存在。

根据国内外学者的相关研究来看,可以将金字塔结构对公司管理产生的利益影响分成以下两类经济假说,第一类是"利益支持假说",第二类则是备受关注的"利益侵占假说"。

2.3.1 利益支持

1.内部资金市场

金字塔持股结构可以利用内部资金转移的方式解决处于金字塔结构中各企业之间的融资问题,加大成员间的非银行借款比重,在内部产生资本市场。作为金字塔持股结构的重要作用之一,内部资本市场的形成可以有效地解决外部资金市场融资难的问题。

Claessens、Djankov、Fan and Lang(2003)对东亚3000家公司在1998年金融危机之前与金融危机之中的数据进行分析,研究表明在欠发达的国家里,当外部宏观经济形势良好时,股权集中的企业集团内部资本市场比较活跃,具有价值;当外部宏观经济形势衰退时,由于股权集中的企业集团内部企业经营的多样化,导致了边际收益率和公司价值的较低[①]。其进一步的研究认为,企业集团内部资本市场可以起到克服外部金融市场不完善性的作用,那些高风险且难以外部融资的项目能够从企业集团内部的资金市场融通资金。Cestone 和 Fumagalli(2004)重点分析了

---

① Claessens S,Djankov S,Fan J P H,et al. When Does Corporate Diversifica-tion Matter to Productivity and Performance? Evidence from East Asia[J]. Pacific-Basin Finance Journal,2003,11(3):365—392.

金字塔股权结构内部资本市场的作用,发现集团内部不同资源可以通过内部资本市场投资到利润率不同的项目,企业集团的这种内部资源的弹性分配可以提高集团多样化经营的内部企业在各自市场领域中的竞争能力,有助于抗击各自竞争对手的战略安排[①]。

Almeida 和 Wolfenzon(2006)则从另一个角度入手,研究金字塔股权结构内部资金市场的融资优势,他们指出金字塔结构与平行结构最重要的不同在于内部融资优势[②]。控制性大股东在金字塔股权结构下掌握对控股公司的控制权,能够支配集团内部公司的全部现金流,对新项目进行融资。在平行股权结构下,如果投资项目需要投入较大的资金量,尽管该项目未来能够获得收益,控制性大股东也可能很难从外部获得足够的资金完成对新建项目的融资;若市场中的投资者保护机制不完善,就会容易形成较高的控制权私有收益。通过金字塔结构建立联系的子公司能在终极控制人的协调下,利用内部资金市场获得资金融通,从而实现对新建项目的投资。Ronald 和 Masulis 等(2009)以 45 个国家的 27987 家为样本,研究发现金字塔股权结构广泛存在于家族控股集团的原因在于外部融资困境,尤其是在经济欠发达国家资本市场中,家族团队声誉对吸引资金起到了重要作用[③]。

韩亮亮、李凯、许业坤(2008)通过实证检验对 2005 年 270 家民营上市公司的金字塔结构进行了研究,得出金字塔结构的复杂性对民营上市公司的非银行贷款率有明显影响,结构越复杂非银行贷款率越高,民营上市公司成员间互相提供资金支持,研究结

①　Cestone G, Fumagalli C. Internal Capital Markets, Cross-subsidization and Product Market Competition. 2001,CEPR Discussion Paper No 2935,http-ssrn. com/abstract=283251.

②　Almeida H V, Wolfenzon D. A Theory of Pyramidal Ownership and Family Business Groups[J]. The Journal of Finance, 2006, 61(6): 2637−2680.

③　Masulis R W, Wang C, Xie F. Agency Problems at Dual-class Companies[J]. The Journal of Finance, 2009, 64(4): 1697−1727.

论表明了我国民营上市公司融资优势的合理性[①]。

2.优化资源配置

多个企业形成企业集团的重要作用就是终极控制者利用控制权能够优化资源在集团内部成员企业间的配置。金字塔结构是形成企业集团的一种途径。Almeida 和 Wolfenzon(2003)通过模型实证分析了企业集团内部资本市场与外部宏观经济资本市场效率之间的关系,发现在投资者保护不足的国家中,不完善的金融市场使得终极控制者更愿意将资金投资于企业集团内部的项目,即使该项目预期收益表现一般[②]。该研究同时也指出,在投资者法律不完善的市场中,企业集团内部间的资本配置在其内部是有效率的,但可能会降低全社会资本配置的效率。原因在于大量的此类企业集团存在使得其他单个企业在资本市场中难以融资。Riyanto 和 Toolsema(2004)研究表明终极控制人的支撑行为对中小股东提供了一种保护机制,当集团中公司陷入财务危机时,终极控制人通过金字塔结构对陷入危机的公司提供资金,重新配置集团中的资源,以避免公司破产,间接促进了中小股东权益的保护[③]。毛世平(2008)的研究表明,金字塔式的结构在一定意义上是对于中小股东利益的一种保障,并在一定的范围内使得中小投资者由于最终控股股东的支持而愿意承受超出其承受能力的风险。而其在资金转移过程中受到的损失理应认为是内部资金市场的资源配置给与支撑所需要的成本[④]。

---

① 韩亮亮,李凯.控制权、现金流权与资本结构——一项基于我国民营上市公司面板数据的实证分析[J].会计研究,2008(3):66—73.

② Almeida H,Wolfenzon D. A Theory of Family Business Groups and Pyramidal Ownership[R]. Working paper,New York University,Tarasova,A.,2002. Institutional Reform in Transition:A Case study of,2003.

③ Riyanto Y E,Toolsema L A. Tunneling and Propping:A Justification for Pyramidal Ownership[J]. Journal of Banking & Finance,2008,32(10):2178—2187.

④ 毛世平.金字塔控制结构的影响因素及其经济后果[M].北京:经济科学出版社,2008:165—182.

3. 外部融资

金字塔股权结构通过资源的调配传递利好的信息,从而利于从企业外部获得资金。Kim(2004)指出在那些新兴的国家,银行对单个企业与企业集团的行为会随着企业投资高度依靠从银行融资、缺乏完善的投资者保护机制等因素而产生不同:单个企业出现违约,银行会选择破产作为最优策略;企业集团中的企业出现违约,银行选择债务重整(Bailout)作为最优策略,这是因为企业集团内部成员企业间错综复杂的股权关系、相互提供担保等使之形成了利益共同体,增强了风险承受能力[①]。Bianco 和 Casavola(1999)通过研究发现意大利公司的股权结构表现出了高度集中的特点,并且缺乏健全的公司治理结构,终极控制人多利用金字塔结构实现投票权与所有权的偏离[②]。但这通常为公司提供筹集外部资金的机会。Hoshi、Kashyap 和 Scharfstein(1991)以日本制造业企业为例,分析认为债权人参与公司治理,提高了公司治理的有效性,能够较好地降低企业筹资中的信息不对称问题,增强了此类企业从外部获得资金的能力[③]。

4. 政治优势

在那些经济规模小、不够发达的国家,终极控制者利用集中股权结构构建了商业中的航空母舰,这种规模庞大的企业同政府之间有着密切的关系,能够影响政府政策的制定,使其制定符合企业利益的政策。Morck 和 Yeung(2003)研究认为家族企业通

---

① Lee Y, Kim M, Han J, et al. MicroRNA Genes Are Transcribed by RNA Polymerase II[J]. The EMBO Journal, 2004, 23(20): 4051−4060.

② Bianco M, Casavola P. Italian Corporate Governance: Effects on Financial Structure and Firm Performance[J]. European Economic Review, 1999, 43(4): 1057−1069.

③ Hoshi T, Kashyap A, Scharfstein D. Corporate structure, Liquidity, and Investment: Evidence from Japanese Industrial Groups[J]. The Quarterly Journal of Economics, 1991: 33−60.

过"金字塔"结构操控了某一个国家大量的企业,影响某一个国家经济的发展,进而对政治产生一定的影响,使政府机构制定有利于自己集团发展的经济框架政策。尤其是在那些法律制度不健全的国家,这种现象更为明显 ①。Khanna 等(1999)以巴西、阿根廷等发展中国家和地区的公司为例,对其公司治理进行了研究,发现在其中 12 个国家普遍存在企业集团。企业集团这一因素可以用来解释 13 个国家的宏观经济 10.7% 的波动,在大多数国家用产业结构来解释宏观经济波动不如企业集团解释显著②。Faccio(2002)定义如果公司的高级管理者、大股东是国家高级别官员或者与某个政府官员、政党有密切关系,那么这个公司就认为是有政治联系的公司。通过收集分析 47 个国家中 2000 个上市公司的数据,发现有 541 个公司有政治关系,这些公司市场价值较高,占全球资本市场价值的比例为 8%③。其与政治的关系密切程度与国家的腐败程度、对外国投资者限制程度呈现正相关关系。

Johnson 和 Mitton(2003)分析了 1997—1998 年金融危机前后马来西亚的上市公司数据,结论显示:在发生经济危机的时候,有政治关系的企业面临更多的损失,原因在于经历经济危机的政府干预融资能力大大下降;如果政府强化资本及市场管制,有政治关系的公司可以得到更多的利益④。Hogfeldt(2005)通过对 1932 年以来瑞典公司的数据进行研究,发现家族公司依靠政府力量,使集中股权结构产生的超额控制权合法化,同时政党从这些

① Morck R, Yeung B. Agency Problems in Large Family Business Groups[J]. Entrepreneurship Theory and Practice, 2003, 27(4): 367—382.

② Khanna T, Rivkin J W. Estimating the Performance Effects of Networks in Emerging Markets Academy of Management Proceedings[J]. Academy of Management, 1999, 1999(1): G1—G6.

③ Faccio M, Lang L H P. The Ultimate Ownership of Western European Corporations[J]. Journal of Financial Economics, 2002, 65(3): 365—395.

④ Johnson S, Mitton T. Cronyism and CApital Controls: Evidence from Malaysia[J]. Journal of Financial Economics, 2003, 67(2): 351—382.

公司得到对其有利的资源，例如，家族公司支持其经济政策等，政治与公司治理相互影响①。

2.3.2　利益侵占

终极控制人将控制权、所有权以及两者之间的分离系数作为利益侵占手段，侵占其他股东的权益。利益侵占表现在多个方面，例如，隧道效应、股利政策、过度负债以及如何安排管理层等。

1.隧道效应

Johnson、La Porta 等(2000)提出了"隧道输送"(Tunneling)。终极控股人将自己的利益放在首位，利用职权将原属于处在"金字塔"底层成员的利益转移到自己名下②。Bertrand、Mehta 等(2002)认为"隧道输送"是指"终极控制者在不同的子公司中拥有不同的所有权，其为了获取更多的利润，利用超额控制将底层公司资源转移到自己手中或者高现金流权的公司③"。

Morck 和 Yeung(2003)认为，终极控制人通过金字塔结构，可以在塔底公司中获取超出其现金流权的控制权，借助超额控制权，终极控制人损害中小股东利益以自利④。Bae、Kang and kimm(2002)对韩国上市公司进行实证研究，发现企业集团公司获利的同时，被控制底层公司股价出现下跌，中小股东遭受了较大的损失，但终极控制人却能够获得较大的收益。原因在于金字

---

① Hogfeldt P. The History and Politics of Corporate Ownership in Sweden[M]. A History of Corporate Governance around the World：Family Business Groups to Professional Managers. University of Chicago Press，2005：517—580.

② La Porta R，Lopez-de-Silanes F，Shleifer A，et al. Investor Protection and Corporate Governance[J]. Journal of financial economics，2000，58(1)：3—27.

③ Bertrand M，Mehta P，Mullainathan S. Ferreting out Tunneling：An Application to Indian Business Groups[R]. National Bureau of Economic Research，2000.

④ Durnev A，Morck R，Yeung B，et al. Does Greater Firm-Specific Return Variation Mean More or Less Informed Stock Pricing？[J]. Journal of Accounting Research，2003，41(5)：797—836.

塔结构中中间层或者顶层公司价值的增加，"隧道输送"是这一现象的根本原因[①]。

Attig et al(2006)认为，不完善的市场和不完全的契约为终极控制人获取私利提供了机会，而现代公司的有限责任原则又为构建金字塔结构提供了现实诱因[②]。Thomadakis(1992)研究表明有限责任原则下现代公司是一组违约期权的集合[③]。终极控制人利用金字塔结构选择更具风险的项目，在公司间转移资产而最大化违约期权价值；相对水平结构来说，金字塔控制人利用较少的资金对相同数量低层级公司进行有效控制，降低了违约期权的成本。因而，金字塔结构能够在全球盛行。

2. 股利政策

公司理财的一个重大疑惑就是上市公司的股利政策，MM理论提出了"股利无关论"，即股利发放与公司价值无关[④]。扣除政策限定进行分红的因素，上市公司又是基于何种原因要进行股利派送呢？

LLSV(2000)从"金字塔"股权结构角度出发进行了有益的探索，以46个国家上市公司为样本，将投资者法律保护程度引入模型中进行实证分析，研究结论表明：有限责任原则下现代公司是一组违约期权的集合，中小股东为了减少公司资源被滥用的可能

---

① Bae K H，Kang J K，Kim J M. Tunneling or Value Added Evidence from Mergers by Korean Business Groups[J]. The Journal of Finance，2002，57(6)：2695－2740.

② Attig N，Fong W M，Gadhoum Y，et al. Effects of Large Shareholding on Information Asymmetry and Stock Liquidity[J]. Journal of Banking & Finance，2006，30(10)：2875－2892.

③ Thomadakis S B. A Value-based Test of Profitability and Market Structure [J]. The Review of Economics and Statistics，1977：179－185.

④ Miller M H，Modigliani F. Dividend policy，Growth，and the Valuation of Shares[J]. the Journal of Business，1961，34(4)：411－433.

性,利用法律来迫使上市公司分配更多的现金股利[①]。Faccio、Lang and Young(2000)比较性分析了欧洲与东亚上市公司的股利支付,结果发现亚洲企业现金股利与两权偏离程度表现出了负向关系,这是因为集团之间的股权联系比较松弛(loosely-affiliated)。而欧洲上市公司现金股利会与终极控制者现金流对控制权的偏离程度正相关,这是由于上市公司集团企业之间股权联系紧密(tightly-affiliated)。因为控制性股东要向外界传递其没有利用控制性地位对中小投资者进行利益侵占的信息,公司治理中不存在大股东与中小股东的代理问题[②]。Carvalhal da Silva 等(2003)对巴西的上市公司进行了研究,认为在终极控制人为了自身特定目的而高比例派现时,发放的现金股利就会较多,从而形成了现金股利与两权偏度程度的负相关关系的合理解释[③]。Gugler 等(2003)以德国上市公司为例,对其股利政策进行了研究,认为高比例派现不但降低了控股股东自由现金流量,传递了积极的信息,而且有助于公司价值的提升;相反,过低的现金股利支付率会加剧大股东对中小股东权益的挖掘;通常情况下"金字塔"式股权结构的上市公司中的现金股利比例非常小[④]。

3.过度负债

Faccio、Lang 和 Yong(2004)通过研究美国公司,发现管理者的行为会因为债务的存在受到债权人的约束,若管理者存在问题,债权人有权辞退管理者。管理者的信誉也会因此大幅下降。但是,由于"金字塔"结构复杂化程度的不断加深,公司间的债务

---

① La Porta R, Lopez-de-Silanes F, Shleifer A, et al. Agency Problems and Dividend Policies around the World[J]. The Journal of Finance, 2000, 55(1): 1—33.

② Faccio M, Lang L H P, Young L. Dividends and Expropriation[J]. American Economic Review, 2001: 54—78.

③ Carvalhal da Silva A, Leal R P C. Corporate Governance, Market Valuation and Dividend Policy in Brazil[J]. 2003:G30—G32.

④ Gugler K, Yurtoglu. Corporate Governance and Dividend Pay-out Policy in Germany[J]. European Economic Review, 2003, 47(4): 731—758.

关系也随之复杂,因此终极控制者在金字塔结构中的地位不会受到违约因素的影响。另外,债务关系越复杂,终极控股股东就会掌握越多的资源,利益侵占现象会更为严重①。Bianco 等(2004)对"金字塔"式股权结构进行了分析,公司制企业由于其责任的有限性可能致使负债规模较大,使底层公司承受较大的破产责任。在有些国家中,破产的经济和社会责任较大,使得集中股权结构产生了较大的价值。控制股东从底层公司转移资源至其他公司,使经营状况不好的底层公司陷入了破产境地。但控股股东拥有较少的现金流权,其破产成本较小。意大利公众公司的历史数据表明,控股公司资产负债率较高,并且资产负债率与其现金流表现出了正相关关系,隧道效应明显②。Du 和 Dai(2005)通过分析东亚的公众公司,发现控股股东拥有所有权越小,越偏好于负债筹资途径,防止控制权稀释,这种方式增加了控股股东可控资源。此时,过度负债必然会增加破产的风险。进一步的研究发现,在1997—1998 年的金融危机中,东亚公众公司一触即溃,其根本原因就是在于"金字塔"结构中内部资本市场的高风险性③。

Volpin(2001)分析了法律对公司债务安排的影响,认为当法律对投资者保护时,银行为控制风险,不太可能对同一公司提供大量的资金,公司往往需要从多家银行获得贷款。此时,银行分摊了部分控股股东利益输送的成本,这样一来终极控股股东对资源的控制更加牢固,增加了终极控制人的挖掘动机。通过对意大利公司相关数据的实证分析,验证了上述研究成果④。Fila-

---

① Faccio M, Lang L H P, Young L. Dividends and expropriation[J]. American Economic Review, 2001: 54—78.

② Bianco M, Nicodano G. Pyramidal Groups and Debt[J]. European Economic Review, 2006, 50(4): 937—961.

③ Du Julan and Yi Dai. Ultimate Corporate Ownership Structure and Capital Structure: "Evidence from East Asian Economics", Corporate Governance: An International Review[J], 2005, 13(1), 60—71.

④ Pagano M, Volpin P. The Political Economy of Finance[J]. Oxford Review of Economic Policy, 2001, 17(4): 502—519.

totchev 等(2001)进行了经验分析和模型构建,认为公司治理中对中小投资者的利益保护十分重要;当公司负债规模很大时,控制性股东与债权人为了增加自身的利益将会采取合谋侵占中小股东利益的手段①。

4.管理层的安排

集中股权结构下,终极控制人可以通过对管理层的安排实施对目标公司的控制,便于其利益实现。Caselli 等(2003)分析了家族企业在继承中存在的问题,认为不完善的经理人市场和资产交易市场及害怕控制权旁落等因素决定了家族管理继承结果。继承人如缺乏足够的管理天赋,往往导致家族经营绩效的下降。利用实证研究,他们认为家族管理继承表现出来的差异可以用来解释国家间不同生产效率现象②。Yeh 和 woidtke(2004)以金字塔结构普遍对投资者利益保护较弱的台湾为例,分析了董事会构成对公司治理效率的作用。终极控制人的控制性地位能够对董事选举产生影响,强烈推荐那些"懂事"的、能够代表自己或和自己利益一致的人成为公司董事。这种对董事会的影响和控制,使得公司治理结构较差,不利于公司价值的提升;相反,则公司治理情况较好,价值较高③。Perez Gonzalaz(2002)通过对美国 162 家公司首席执行官交接过程进行分析,认为继任者若为家族内部成员,那么资产收益率和股票价格都会出现较大的下降;反之,如果继任者产生于家族之外,这种变化就不明显④。Smith 等(1999)

---

① Filatotchev I, Mickiewicz T. Ownership Concentration, Private Benefits of Control and Debt Financing[J]. Corporate Governance and Finance in Poland and Russia, 2001: 159—176.

② Caselli F, Gennaioli N. Dynastic management[R]. National Bureau of Economic Research, 2003.

③ Yeh Y, Lee T, Woidtke T. Family Control and Corporate Governance: Evidence from Taiwan[J]. International Review of finance, 2001, 2(1—2): 21—48.

④ Pérez-González F. Inherited Control and Firm Performance[J]. The American Economic Review, 2006: 1559—1588.

通过对加拿大相关案例的分析,验证了家族管理的继承问题,并且,当来自于家族继任者比较年轻、缺少管理知识和经验时,其公司的资产回报率、股票价格下滑幅度更为严重[①]。

2.4 我国金字塔股权结构的演进

在公司治理中,公司的所有权和控制权构成是其根本,直接对终极控制人的所有权属性、股权结构的分散与集中度、股东行使权利的途径和效果起主导性的作用,从而可直接作用于公司治理模式的形成、运行及绩效发展。

2.4.1 我国国有上市公司金字塔股权结构的演进

我国国有企业改革是在艰难中进行的,为了维护国有资产的安全,政府应对国有资产实施更为有效的管控;为了提高国有资产的效率,政府需要放松国有资产的管制。经过多年的探索和实践,学者们认为政府参与社会经济运行的职能若与国有产权控制者的角色合二为一,政资就永远不可能分开,如果彻底实现政资分开,两种职能就必须分开。另外,要将政府各部门分散行使的所有者职能集中起来,破除多部门行使国有所有权,成立一个独立于社会经济管理职能的部门代表政府行使国有所有权。然后再把国有资产管理和监督与国有资产的商业运营职能分开,以实现政企分开。国有资产管理和监督通过国有资产监督管理委员会负责,为了充分调动中央同地级政府的双重积极性,则各自成立了专门的部门用于加强对国有资产的监管控制,过去的政策性目标则交给其他行政部门去执行,国有资产的商业运营则由具体

---

① Smith B F, Amoako-Adu B. Management Succession and Financial Performance of Family Controlled Firms[J]. Journal of Corporate Finance,1999,5(4):341—368.

企业来做。从而逐渐形成了三个层次的新型国有资产管理体制，第一层次为中央和地方设立各自的国有资产监督管理机构，用以保值增值国有资产，可以使用国有资产所有权，初步实现了政资分开。第二层次为国有控股公司，它介于国有资产监督管理机构与国有企业之间。通过国有资产监管部门的委托，行使国有资产的出资者职能，接受国有资产监督管理结构的监督和控制，负责国有资产的组织、协调和控制，但对国有企业具体的生产经营活动不加干涉，在政府和国有企业之间形成了一个隔离层，初步实现了政企分开。目前，国有控股公司主要存在国有独资的投资公司以及国有控制的混合型实业公司两种形式。第三层次为国有企业，国有控股公司以股权投资的方法，将资金投入各个国有企业，以使国有控股公司通过控股和参股等多种形式实现对国有企业的管控，这样以资本为枢纽的国有企业集团便构建完成。而在企业集团当中，国有控股公司单向持股国有企业，形成母子关系，国有控股公司依据其占有的股份，可以在股东大会和董事会中行使权力，从而对国有企业实施有效的管控。具有独立法人性质的国有企业与国有控股公司之间形成投资者和经营者的关系，作为市场竞争的主体具体负责国有资产的运营。如此，便形成了国有资产监督管理机构、国有控股公司以及国有企业三个层次的组织结构，最终导致了我国上市公司中政府终极控制人金字塔结构的产生。

从图 2-1 中我们可以看出，国有上市公司金字塔股权结构包含了两个层次的产权关系，即终极所有权和公司法人财产权，其金字塔模式的构成和发展过程即是明确以上两个层次产权关系的历程。从一个角度来讲，现代公司制度在企业集团内部建立，明确了公司法人财产权，从而以资本为主要纽带的母子公司体制建立起来；从另一个角度来讲，在国有资产监管机制改革背景下出资人制度的建立，国家的出资人身份得到明确，确定了国家以终极所有人身份所拥有的终极所有权(角雪岭,2007)[①]。

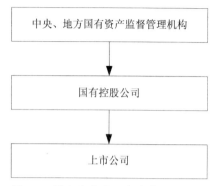

图 2-1　国有上市公司金字塔股权结构

　　我国证券市场自成立以来就肩负起了国有企业发展革新的历史重任,充分显示了其在资金融通和资源再分配等方面的作用。在中国,因为处在特殊的转轨经济历史时期,沪深两交易所上市发行股票的公司主体是由国有企业通过股份制改造发起设立的上市公司形成的。所以,我国资本市场的一个特殊现象就是国有股权集中的现象。从本质上来讲,上市公司产生的一个重要目的在于能在更大的范围内吸收资金,用以满足现代企业对于资本的需求。总的来说,必须要有一个主要的发起人作为上市公司的前身来从事其发行上市的筹备工作,以完成上市公司的成立。为了应对企业扩展资本的需求,控制权分配的决策必须由发起人做出:是要保持自己的控股股东地位还是以发行更多股份的方式来放弃自己在上市公司中的控制权。我国资本市场发展初级阶段,为了达到国有经济占主体的宗旨,由国有企业作为发起人设立的上市公司的国有股东的控股地位必须保持,相关法规规定,国有股不允许通过二级市场转让,确保集中控制国有股权。由于我国经济运行机制的不断变革,国有企业改革中的政企分开成为一项重要内容。所以,相应的改革也发生在国有股权集中控制的上市公司的组织形式上,建立了国资委,以及众多的投资公司。

---

　　① 角雪岭.我国上市公司金字塔持股结构特征研究[J].会计之友,2007 (12):70-72.

这些投资公司作为终极股东对能够代表国家对国家控制的上市公司行使投资权和终极控制权,使得其能够对国有资产实施有效的控制并杜绝资产流失,并在保障国有资产价值的前提下,尽可能减少行政上对上市公司的干预,以此增强企业活力。这样金字塔式的股权结构便由这些国有股权占主导的上市公司形成。

我国的股票发行机制经历了三个过程,即审批制(1990—1998)、向核准制过渡(1999—2001 年 3 月 16 日)和核准制(2001年 3 月 17 日至今)。1992 年前,股票发行纳入社会信用计划,由中国人民银行进行管理。1993—1996 年采用了"总量控制、划分额度"的办法对股票发行规模进行控制,为了让尽可能多的企业上市,以及平衡各方利益,地方政府在中央划分的额度内进一步细分额度于各拟上市的公司,基于国有企业庞大的规模,政府往往采取使优质资产剥离的方式,从原国有企业中拆分部分资产改制上市。自 1996 年起,我国开始以"总量控制、限报家数"的方法发行新股,各级地方政府为拓宽企业融资渠道,将缺乏条件的大型国有企业合并重组,采用"捆绑上市"的方式将原有企业做大,从而最大化其融资规模(曾庆生,2004)[①]。2001 年 3 月起,中国证券监督管理委员会决定申请上市公司的资格,股票发行实行核准制。可见,中国资本市场发展深深地打下了政府的烙印。"分拆上市"和"捆绑上市"使得上市公司的资源与控股公司的资源界定不明确,将非核心资产留在了控股母公司,使日后上市公司面临利益被控股公司不断侵吞的巨大漏洞。

总体来说,一方面,国有企业集团取得重大发展,主要表现在建立了现代企业的制度,明晰了内部法人财产权关系,行政控制得以转变为资本控制,创建了以资本为主要枢纽的母子公司体制,使企业集团在规范发展过程中最根本、最关键的问题得到解决;另一方面,不同的股票发行制度导致了国有企业选择不同的改制上市模式,不同的改制模式使得上市公司具有不同的股权结

---

① 曾庆生.政府控股、社会性负担与代理成本:一项基于中国上市公司的实证研究[A].中国第三届实证会计国际研讨会论文集[C].2004.

构,不同的股票发行制度和不同的改制模式使得上市公司的控制人(国有控股公司)以及政府终极控制人和上市公司的资源界定不清、利益分配不清,继而引发出一系列公司治理难题。

我国国企改革的历程体现着国有资产管理体制的改革进程,国有资产管理体制改革的出发点在于政府如何有效地行使国有企业中的国有产权。在企业集团的发展过程中,公司法人财产权得到明晰,表现在以资本为主要纽带的母子公司体制逐步形成。但依然存在的问题是虽然主体企业集团母公司拥有国有资产产权运营资格,但并不是终极控制股东,没有终极所有权。从以金字塔模型的股权整体构成来看,终极所有权仍然不知所终,其确认涉及国有资产的管理体制问题。在国有资产管理体制改革的过程中,国家为实现政企分开、增强企业活力为目的,以向企业放权为核心,经历了放权让利、利改税、承包经营责任制和现代企业制度四个阶段,但这些改革仅限于企业层面,没有从根本上解决国有资产所有者的缺位问题。

在实践中,曾经探索过把国有资产产权运营主体作为出资人,代表国家管理国有资产,望建设政企间的隔离机制,屏蔽政府对企业的直接干预。从实务角度来看,由于政府在授权经营公司的设立过程中扮演重要角色,其设立往往与政府相关专业机构及具有行业规模的公司有关,因此自身仍无法摆脱行政干预因素的影响,不时干涉其控股子公司的行为不能为资本运营效率的提高带来贡献,国有资本营运效率还较低。

根据十六大方针的指引,2003 年 5 月成立了国务院国有资产管理委员会,代表国家行使出资人的职责,监管管理中央所属企业的国有资产。国资委作为出资人代表处于金字塔顶端的终极控制股东地位,行使终极所有权。

为进一步改变长期以来各级政府对国有资产只是履行管理职能但不承担所有者责任,以及所有者控制权的实际缺位和淡化的状况,2008 年 10 月 28 日第十一届全国人民代表大会常务委员会通过的《中华人民共和国企业国有资产法》(下文简称为《企业国有资产法》)规范了国有资产出资人,明确了出资人的责任。《企业国有资产法》规定:国务院国有资产监督管理机构和地方人民政府按照国务院的规定组建的国有资产监督管理机构,以及国务院和地方人民政府授权的其他有关部门、机构,按照本级人民政府的授权,代表本级人民政府对国家出资企业行使出资人职责。由此从根本上解决了国有资产管理被长期困扰的"出资人缺位"现象。《企业国有资产法》对行使出资人职责的机构的权利做出了明确的规定与约束,可将其权利总结为"管人、管事、管预算"。其中,"管人"即为企业选择管理者,"管事"是指参与企业的重大决策,"管预算"则是指对企业的资产收益享有权利。同时,在公司治理环节中,行使出资人按规定需派代表参与国有企业的规章制定、股东大会等,对相关事宜发表意见、提出方案、行使表决权,并将国有出资企业的相应情况对出资人职责部门做出汇报,起到上传下达的作用。行使出资人在行使自己权利时要严格按照法律制度来执行,不得做出损害国家利益的事情,对国家资产负责,在一定时期内,有义务对企业的运营情况向所属政府进行汇报,包括资本结构、现金流变动、企业盈利等情况。利用行使出资人这种方式来对出资企业进行监管,很好地迎合了"政企分开、政资分开"这一原则。国有企业资产法明确界定,国有出资企业应当依法建立健全法人治理结构,建立和完善内部监督管理和风险控制制度。重要的国有独资企业、国有独资公司、国有控股公司的合并、分离、解散、申请破产等,以及企业改制,应经过企业管理层表决通过,而且明确赋予了企业占有、使用和处分等权利,这些权利与企业自身的动产、不动产和其他财产息息相关。这一规定也说明了国家进一步地放开了企业的自主经营权、财产处置权,企业在一定程度上更为独立,与政府的关系也不再像过去那样紧密,企业逐步转型为独立经营、自负盈亏的经济实体,使得国有企业真正走到市场中去,在竞争中提升竞争力,实现迅速发展。对国资委进行了重新定位,使得国资委的身份更为纯粹,仅作为出资人,剥离了其"监督职能"。具体到行为模式来说,国资委的权利被局限于"管人、管事、管预算"上面,这样的规定与我国《公司法》接轨,利用法律形式规范国有资产,将国资委限定在国有资产战略布局、结构调整、各项管理之外,在法律意义上,改革之路堪称完美。

2.4.2 我国民营上市公司金字塔股权结构的演进

美国学者盖尔西克认为:"即使最保守的估计也认为家庭所有或经营的企业在全世界企业中占 65%~80%。全世界 500 强企业中有 40%由家庭所有或经营",可见,民营经济在世界经济中有着举足轻重的地位。我国民营上市公司是民营经济证券市场共同发展相结合的产物。我国证券市场是在计划经济占据主导地位的特定历史背景下发展起来的,因而国有控股企业从一开始就在中国证券市场上占据核心位置,民营企业的发展长期处于边缘化地位。

1992 年 6 月,第一家民营企业深圳华源磁电有限公司的上市,揭开了民营企业上市的序幕。我国民营企业无论是在其初创期,还是发展期,主要是依靠自我积累、自我筹资发展起来的。出于对贷款责任的考虑,商业银行采取了限制民营企业的贷款数额,要求严格的抵押贷款条件等手段,使得不少民营企业很难获得银行的贷款。同样,外部资本市场对民营公司也基本上处于关闭状态。发展过程中也面临着融资难等困难,在解决这些困难的情况下,民营上市公司金字塔结构逐渐形成。1994 年 1 月,首家由民营企业作为主发起人并控股的东方集团在上海证券交易所上市,但这一阶段仅有少数民营企业进入证券市场。

1996 年来,随着我国资本市场的逐步开放以及国家对民营企业的扶持,越来越多的民营企业开始跻身到上市公司的行列。在内部自由资金缺乏,外部资本市场无法融资的情况下,20 世纪 90 年代中后期,我国陆续形成了许多金字塔集中股权式的民营企业集团,如苏宁集团、新希望集团等。金字塔持股结构的形成标志着集中股权结构下企业集团的内部资本市场的确立(Shin and Park,1999)①。Khanna and Palepu(1997,2000)、Stein(2001)研究认为,金融市场不发达的地区,在维持控制权的前提下,人们利用金字塔持股结构可以有效地使用内部资金②③④。1998年3月,民营企业新希望经过股份制改造后的上市,标志着民营企业的上市路程有了突破性的进展。这一阶段越来越多的民营企业开始通过各种方式获得地方政府支持努力寻求上市,民营企业上市的数量呈现稳步上升的趋势,但直接发行上市仍然是民营企业上市的主要途径。1998年之后,兴起了一股资产重组的浪潮,很多民营企业将一些经营业绩不佳的国有上市公司看成资产重组的对象,也开始获得越来越多的买壳上市机会。一些对证券市场认识较早且较具规模的民营企业开始积极寻找壳资源,通过并购方式进入证券市场,由此买壳上市方式开始迅速发展起来。

2000年5月,我国企业上市方式由审批制转为核准制制度的实施促进了我国股票市场发行制度的市场化进程,是促进民营企业上市的一项有利的制度安排。2000年民营企业通过直接上市和买壳上市方式的数量达到了前所未有的高峰。2001年8月,天通股份由自然人控股上市,是我国民营企业上市重要的里程碑。2002年9月管理层出台了《上市公司收购管理办法》,明确指出各类经济主体都可以参与上市公司的股权收购,使民营企业在国有股权转让过程中扮演了主流角色。2004年深圳中小企业板的推出为民营企业上市注入了新的生命与活力,2004年和2006年民

---

① Shin, Hyun-Han, YoungS. Park. Financing Constraints and Internal Capital Markets: Evidence from Korean Chaebols[J]. Journal of Corporate Finance, vol. 54. 1999.

② Khanna T, Palepu K G. Why Focused Strategies May Be Wrong for Emerging Markets[J]. 1997:1234−1368.

③ Khanna T, Palepu K. Is Group Affiliation Profitable in Emerging Markets? An Analysis of Diversified Indian Business Groups[J]. The Journal of Finance,2000,55(2): 867−891.

④ Cormen T H, Leiserson C E, Rivest R L, et al. Introduction to Algorithms [M]. Cambridge: MIT press,2001.

营企业通过 IPO 方式上市的数量大幅上升,大多数集中在中小企业板。随着 2009 年深圳创业板市场的推出和中国经济的强劲复苏,不同规模、处于不同阶段的民营企业正在不断发展壮大。数据显示,在创业板市场,约 96% 的上市公司为民营背景公司。此外,主板上市公司中,民营背景公司占 30.06%;中小板市场上市公司中,民营背景公司占 76.18%。

从 2001 年以后,由大量的民营企业作为发起人设立的股份公司也开始上市,并且发行股票,逐渐形成了能够和国有终极股东控制的上市公司齐头并进的局面。对于民营企业或自然人发起设立的上市公司来说,以金字塔式的股权结构控制上市公司,由统计结果可知,这种现象较为普遍。这主要是由于我国资本市场处于发展初期阶段,相应的法律法规不够健全、执法力度不够强劲以及民营发起人初始资本的不足引起的。这些民营企业集团和上市公司之间,建立了一系列较为复杂的控制链条,形成了所谓某某系类,比如复兴系、农凯系、泰岳系、德隆系、万向系、横店系等。这些系类就是金字塔结构的代名词,系内作为终极控制人的私人或者家族通过复杂的控制链条控制着上市公司,上市公司"一股独大"就成为很"正常"的现象。例如,宋献中和罗晓林(2003)对 26 家民营上市公司的实证研究发现,多数民营上市公司第一大股东处于绝对控股地位[①]。并且,民营上市公司许多实际控制人参与经营管理,董事长或者总经理往往由控制人的直接代表或者控制人本人直接担任,为更进一步强化控制,董事会、监事会以及经理层的主要成员也由相关家族成员担任。

民营上市公司内部治理机制不完善,再加上我国投资者权益保护的法律不够健全,信息披露不够规范等新兴加转轨经济的特有特点,民营化后的上市公司利用其控制地位攫取控制权收益等现象司空见惯,而唐氏兄弟控股的"德隆系"和顾雏军旗下的"格林柯尔系"以及鄢彩宏控股的"鸿仪系"等轰然塌陷更使金字塔股

---

① 宋献中,罗晓林.我国民营上市公司财务状况与相关政策的调查研究[J].财经理论与实践,2003,24(2):76-78.

权结构下民营上市公司的信誉下降到低点。

综上所述,本书分析了我国上市公司金字塔持股结构的演化,可以看出国有和私有金字塔持股结构的制度背景具有不同的特性。国有金字塔持股结构仅仅是在政府为了改变计划经济体制下形成的政企不分局面对体制改革和经济发展的不利影响,在政府的大力推动下建立起来的,把政企分开和政资分开作为主线,对国有企业集团和国有资产管理体制改革共同作用的结果。然而私有金字塔持股结构却是在资金不足和外部融资约束的背景下,构建民营集团建立内部资本市场以及通过控制上市公司打通外部资本市场融资渠道的过程中形成的。金字塔式股权结构在引发投资者分离现金流权和控制权的同时,也导致了控制权的不对称集中以及信息不对称局面的形成,造成了终极控股股东少数控制现象的出现。这种分离也对上市公司的经营目标、绩效以及中小股东权益的保护造成了深远的影响。

第3章 终极控制人与负债融资关系研究

3.1 终极控制人控制特征与负债融资

终极控制人通过关联交易、转移利润等方式掏空上市公司的行为，不仅使外部中小投资者和债权人的收益受到损失，而且对上市公司的持续发展和资本市场的健康发展带来很多不利影响。唐清泉(2005)、叶康涛等(2007)研究表明，我国上市公司控股股东大多利用集中型股权结构，致使对公司投票权与现金流量权产生偏离，从而终极控制人有强烈的动机转移公司资源，掏空上市公司[1][2]。赵卿、刘少波(2012)认为投票权与现金流权不一致对投资随意性行为有显著正向作用，相对于民营企业，国有控股公司的投资过度行为更加明显，而外部约束机制的完善可以在一定意义上制约这种行为，外部环境的这种作用，在由国有控制的上市公司中表现更加显著[3]。终极控制人为了自身利益，往往做出投资不足、资产替代及过度投资的行为，这对债权人的收益形成了巨大的风险。但目前国内外学者对终极控制人特征的研究并

---

① 唐清泉.上市公司作用下独立董事任职的动机与作用——基于上海证券交易所的实证研究[J].管理科学,2005,18(4):8-13.

② 叶康涛,陆正飞,张志华.独立董事能否抑制大股东的"掏空"[J].经济研究,2007,4:101-111.

③ 赵卿,刘少波.制度环境、终极控制人两权分离与上市公司过度投资[J].投资研究,2012,5:008.

不全面,而且研究债务融资时偏重于资本结构。本书在总结现有研究的基础上,系统分析了终极控制人的控制权等全面特征对企业资本结构和债务期限水平的作用,以拓展金字塔股权结构与债务融资决策方面的理论研究。

3.1.1　理论分析与研究假设

1.终极控制权对企业负债融资的影响

终极控制股东需要拥有足够多的投票权,才能实现对一个公司的投资及融资决策等重大事项产生影响。有效控制权是指终极控制股东能够控制一个公司的最小控制权。"控制权真空"产生于终极控制股东的实际控制权大于有效控制权的情况,其随着终极控制权比例的扩大而扩大,它的存在说明了终极控制股东控制权比较牢固,此时一定数量的股权融资无法稀释终极控制股东的控制权,不会对终极控制股东的控制地位造成显著影响。此时,终极控制股东会表现出股权融资偏好。控制投票权越高,终极控制股东的这种融资偏好越明显,反之,控制权越低,权益融资的控制权稀释效应越明显,终极控制股东表现出较强的债务融资偏好。对于上市公司终极控制人来说,债务资金的存在加大了公司的破产风险,如果公司一旦破产,那么上市公司的终极控制权将进行转移或者面临巨大威胁。因此,当终极控制人投票权比例较高时,债务融资水平较低,终极控制权与资本结构负相关。同时,站在债权人角度考虑,由于终极控制股东对企业管理者具有较强的监督动机,终极控制权比例越大,终极控制股东的监督作用越强,这会降低债权人的监督成本,债权人愿意提供长期债务。周颖等(2011)对我国上市家族企业 2007—2009 年的面板数据进行分析,实证检验了集中股权结构下终极控制权和负债融资的关系。研究发现:终极控制权介于[0,30%]的范围时,终极控制权与资产负债率负相关但不显著,流动性负债率负相关但不显著[①]。Lee 等(2013)以台湾地区 1998—2009 年上市公司为例的实证研究发现,当控制权比例较低时,控制权与债务期限结构显著正相关[②]。因此,提出如下假设。

假设 3.1:终极控制权与债务融资比例负相关,与债务期限结构正相关。

2.终极现金流量权企业债务融资的影响

Black 和 Scholes(1973)研究发现,股东之所以不顾破产风险采取风险型债务融资的原因是股东破产责任的有限性[③]。闫增辉等(2015)的研究表明,终极控制人的现金流权与资本结构负相关关系[④]。控制性股东能够利用金字塔形成集中股权结构,能够以较小的所有权取得超额的控制权,其采取风险型债务融资方式,一方面可以从被控制公司转移资源,侵占风险性融资的大部分利益。另一方面,其仅拥有的所有权较小,其破产的成本较小,控制性股东只需承担较小的损失,即相当于其投资的所有权,而且由于金字塔控股结构的隐蔽性,这种破产不会对终极控制股东的声誉造成太大的负面影响,但破产的大部分损失则由债权人和中小股东来负担。因此,现金流量权越小,债务融资所带来的风险越小,终极控制股东表现出更强的债务融资偏好。同时,当现金流量权较小时,债权人为了防止终极控制股东的利益掠夺行为,实现利息收益及收回本金,更愿意安排短期债务,以便加强对终极

① 周颖,艾辉.金字塔结构、终极股东控制权与资本结构——基于中国上市家族企业面板数据的实证研究[J].软科学,2011(1):120—123.

② Lee, Yung-Chuan; Chang, Wei-Hsien. How Controlling Shareholders Impact Debt Maturity Structure in Taiwan[J]. Journal of Internaional Financial Management & Accounting,2013.

③ Black F, Scholes M. The Pricing of Options and Corporate Liabilities[J]. The Journal of Political Economy, 1973:637—654.

④ 闫增辉,杨丽丽.双向资金占用下终极控制人与资本结构[J].经济与管理研究,2015,36(4):128—135.

控制股东的监督。王鲁平等(2014)的研究发现,现金流权与银行借款短期比例显著负相关[①]。Su K(2013)等的研究表明,终极控制人的现金流权与债务期限结构为正相关系[②]。因此,提出如下假设。

假设 3.2:终极现金流权和债务融资比例为负相关关系,与债务期限结构正相关。

3.两权分离对企业债务融资的影响

闫增辉等(2015)的研究表明,终极控制人的两权分离与资本结构为正相关关系。宋小保(2014)的研究表明两权分离度越大,企业的资产负债率越高[③]。根据之前的分析,两权分离能够使终极控制股东的破产风险成本降低,所以终极控制股东具有强烈的债务融资偏好。两权分离程度越高,其进行负债融资的控制权非稀释效应越明显,对公司的攫取行为越严重。但是随着两权分离度的增加,终极控制股东通过债务融资进行利益掠夺的行为未必实现,因为债权人处于自身安全的考虑,会控制提供债务的规模。同时,两权分离度越高,债权人对终极控制股东的防卫意识越强,为了保证资金安全和自身利益,其不愿意提供长期债务。Lee 等(2013)以台湾地区 1998—2009 年上市公司为例的实证研究发现,两权分离程度与债务期限结构显著负相关[④]。苏忠秦等(2012)以我国 2002—2008 家族控制上市公司为例,发现两权分

---

① 王鲁平,林桓,康华.终极控制人对银行借款期限结构选择的影响[J].系统工程,2014,12:001.

② Su K,Li P. The Effects of Ultimate Controlling Shareholders on Debt Maturity Structure[J]. Journal of Applied Business Research (JABR),2013,29(2): 553—560.

③ 宋小保.最终控制人、负债融资与利益侵占:来自中国民营上市公司的经验证据[J].系统工程理论实践,2014,34(7): 1633—1647.

④ Lee,Yung-Chuan;Chang,Wei-Hsien. How Controlling Shareholders Impact Debt Maturity Structure in Taiwan[J]. Journal of international Financial Management & Accounting,2013.

离对债务期限产生显著负向影响①。Su K 等的研究表明,两权背离与债务期限结构为负相关关系[160]。因此,提出如下假设。

假设 3.3:两权分离下,终极控制股东偏向于债务融资,债务融资比例与两权分离度呈倒 U 形关系,债务期限水平与其负相关。

4.控制链层级对企业债务融资的影响

在金字塔持股结构中,终极控制股东的现金流权比较小,其管理人员在信息不对称情况下会谋取个人私利,这也使得终极控制股东更有动机将资金从公司底部转移到控制链的顶端,甚至是转移到终极控制股东个人那里。金字塔持股结构中间层级数越大,终极控制人攫取私利隐蔽性越强,其攫取动机越强烈,而债务融资方式为其掏空公司资源提供了便利,增加了其可利用的资源,所以其更偏向于债务融资。当控制链层级高时,债权人会考虑到终极控制股东对公司管理者的监督作用不强,代理成本增加,为了保证自己的资金安全,其更愿意提供短期债务。闫华红等(2013)的研究认为,终极控制人控制链层级的增加将致使资产负债率的提高[32]。因此,提出如下假设。

假设 3.4:层级数与上市债务融资比例正相关,与债务期限水平负相关。

5.股权制衡对企业债务融资的影响

本书以第二到第五大股东股权之和与第一大股东股权之比描述股权之间的均衡结果。拥有足够股份其他大股东的存在,可以在一定程度上制约终极控制股东,能够起到降低终极控制股东利益挖掘行为的作用。在董事会和股东大会上,如有能与终极控制股东相制衡的其他表决权时,终极控制股东就难以形成绝对控制权,同时当股权制衡度比较高时,债权人认为公司股东间的监督制约作用比较有效,终极控制股东利用负债攫取超额收益的能

---

① 苏忠秦,黄登仕.家族控制、两权分离与债务期限结构选择——来自中国上市公司的经验证据[J].管理评论,2012,7:132−142.

力不强,愿意向企业提供债务。我国缺乏足够的保障债权人权益的法律法规,短期债务相比长期债务来讲,对债权人的约束力更强,因而,可以降低终极控制股东与债权人的代理成本。当股权制衡程度高时,债权人认为,由于公司中大股东的存在使得不必过于依赖短期债务来监督终极控制股东,从而倾向于提供长期债务。因此,提出如下假设。

假设 3.5:股权间制衡程度与债务融资比例正相关,与债务期限结构正相关。

3.1.2　数据来源与样本选取

我国上市公司在 2004 年基本上已经完全披露了终极控制人的信息,并且 2007 年证监会要求上市公司以树形图及文字的形式披露实际控制人情况(包括所有权及控制权)。这为我们搜集上市公司终极控制人特征方面的资料提供了基础。根据本书的研究对象及数据的可获取性,本书对 2011—2013 年我国沪深 A 股上市公司面板数据进行分析,筛选原则如下。

(1)剔除终极控制人资料不全的公司数据。

(2)剔除金融保险类公司。因为金融类公司的盈利模式与其他行业差异显著,所以本书的研究不包括金融保险业的上市公司。

(3)剔除 ST 公司及在这三年中退市的公司。

(4)剔除终极投票权低于 10% 的公司,并且终极控制人未发生变化。终极控制人拥有一定的投票权才能对上市公司进行控制。国外学者一般在实证研究中将有效控制权标准定在 10%。

(5)剔除数据异常(资产负债率和长期债务比小于 0 大于 100%)的公司。

(6)为保持面板的平衡性,剔除缺失一年及以上数据的公司。

经过筛选,得到了 837 家样本公司(其中国有上市公司 628 家,民营上市公司 209 家)3 年共 2511 个样本,形成了时间长度为 3,截面个数为 837 的平行面板数据。本书终极控制权方面的数据主要来自于巨潮资讯网（www-cninfo-com-cn），并经手工整理而得，其他数据来自于国泰安 CSMAR 数据库。样本处理采用 EVIEWS 进行。

3.1.3 变量定义

1.被解释变量

本书从债务融资比例和债务期限结构两个方面研究终极控制权下的企业债务融资问题，被解释变量为两个。

债务融资比例。不同的学者采用了不同衡量债务融资的方法，有的学者按照账面价值进行，有的学者按照市场价值进行计算。实证研究中反映债务融资比的指标还有借款对总资产比重（即短期和长期债务之和除以总资产的值）、借款对净资产比率（债务的账面价值除以净资产）、借款对资本比率（长期与短期借款的账面价值除以总借款和股东权益账面价值的和）。衡量债务融资比例的多少一般采用资产负债率指标，鉴于数据取得的方便性及数据本身的可靠性，本书采取账面价值法测量资产负债率，即资产负债率为期末总负债的价值与期末总资产的价值之比。

债务期限结构是指短期负债和长期负债搭配及比例关系。有关债务期限的计量，一般有两种方法。Bar-clay-Smith(1995)用的是长期债务占全部债务的比值，适合于衡量公司债务的混合特征与其债务期限相关的理论[①]。Stohs 和 Mauer(1996)用的是企业债务项目的加权平均期限，适合检验依赖于随时间波动很大的状态变量的理论[②]。本书对长短期债务的界定按照我国企业会计准

---

① Bar-clay D，Higgins C，Thompson R. The partial least squares (PLS) Approach to Causal Modeling：Personal Computer Adoption and Use as an Illustration[J]. Technology Studies，1995，2(2)：285－309.

② Stohs M H，Mauer D C. The Determinants of Corporate Debt Maturity Structure [J]. Journal of Business，1996：279－312.

则的要求,短期负债是指偿还期限一年以内的债务,一年期以上的债务为长期负债。为了分析债务内部期限安排,本书选取长期负债占负债总额的比例即长期债务比来衡量债务期限结构水平。

2.解释变量

本书研究目的在于分析终极控制人特征对负债融资的影响,进而揭示终极控制股东对负债融资的选择行为。因此本书结合已有的研究文献及理论分析和研究假设,设置 5 个解释变量,其中包括终极控制权、终极现金流权、两权分离度、控制链层级和股权制衡度。

终极控制权。终极控制人利用金字塔结构达到控制上市公司的目的,其控制链条有时不只一条,按照最弱关联法的计算,控制权是各个控制链上最弱一层的持股比例之和。

终极现金流权。通过计算每条控制链条持有公司的所有权比例之积计算得出终极现金流权,从金字塔顶层至最底层每条控制链的现金流权是所有权的乘积。

两权分离度。实证变量定义时,两权分离度的度量指标有三种:分别是 $UVR - UCR$ 、$UVR \div UCR$ 和 $(UVR - UCR) / UVR$ 。本书采用了第二种度量方法,即两权分离度等于控制权与现金流权的比值。

控制链层级。终极控制人利用金字塔掌握上市公司的投票权,有时控制链条不止一条,本书取所有控制链中最长控制链包含的层级数来表示控制链层级。

股权制衡度。股权制衡度即其他大股东对第一大股东的制衡程度。

3.控制变量

要实证检验终极控制权下的上市公司债务融资问题,我们需要控制一些对债务融资产生显著影响的公司特征因素。根据以往的文献研究结论,我们特从以下几方面对控制变量进行设置。

公司规模。有分析(Friend & Lang,1988)发现,规模大的公司的多元化程度高,破产风险小,债权人风险以此而降低,愿意提供更多的债务资金[22]。本书引入总资产的对数对规模进行控制。

资产有形性。如果一个公司的有形资产多,那么这个公司可以被用来抵押的资产就多,一旦公司破产,其价值要比无形资产多,本书以存货与固定资产之和与总资产的比值表示资产有形性。

年份。为了研究年份宏观经济环境的影响,本书以 2011 年为基础设置两个年份哑变量。Y_1、Y_2 分别代表 2012 年和 2013 年的年度虚拟变量,当观测值属于 2012 年时,$Y_1=1$;否则,$Y_1=0$。当观测值属于 2013 年时,$Y_2=1$;否则,$Y_2=0$。

行业。我国各行业受政府政策等因素影响较大。《上市公司行业分类指引》中将上市公司进行了分类,划分为 13 个不同的行业。金融行业相比其他行业而言非常特殊,本样本中将金融行业做了剔除,因此共设置 11 个行业虚拟变量,来考察行业对负债融资的影响。

有关各变量详细信息见表 3-1。

表 3-1　变量定义表

变量类型	变量名称	变量代码	变量定义
被解释变量	资产负债率	DAB	期末负债总额/期末资产总额
	长期债务比	MAT	长期负债/负债总额
解释变量	终极控制权	UVR	各条控制链上投票权最小值的加总
	终极现金流量权	UCR	各个控制链上控股比例的乘积之和
	两权分离度	SR	$SR=UVR/UCR$
	控制链层级	Layer	所有控制链中最长控制链包含的层级数
	股权制衡度	DR5	第二到第五大股东持股比例之和/第一大股东持股比例

续表

变量类型	变量名称	变量代码	变量定义
控制变量	公司规模	$Size$	总资产的对数
	资产有形性	CVA	（存货＋固定资产）/总资产
	年份	$Year$	虚拟变量，为该年份时取 1，否则取 0
	行业	IN	虚拟变量，为该行业时取 1，否则取 0

3.1.4　模型设计

根据理论分析、研究假设及变量定义表，本书建立以下模型：

$$DAB\text{-}MAT\text{-} = \beta_0 + \beta_1 UVR + \beta_2 Size + \beta_3 CVA + \sum_{i=1}^{2}\beta_{i+3}Year_i +$$

$$\sum_{j+5}^{11}\beta_{j+5}IN_j + \varepsilon \tag{3.1}$$

$$DAB\text{-}MAT\text{-} = \beta_0 + \beta_1 UVR + \beta_2 Size + \beta_3 CVA + \sum_{i=1}^{2}\beta_{i+3}Year_i +$$

$$\sum_{j+5}^{11}\beta_{j+5}IN_j + \varepsilon \tag{3.2}$$

$$DAB\text{-}MAT\text{-} = \beta_0 + \beta_1 SR + \beta_2 Size + \beta_3 CVA + \beta_4 CVA +$$

$$\sum_{i=1}^{2}\beta_{i+4}Year_i + \sum_{j+5}^{11}\beta_{j+6}IN_j + \varepsilon \tag{3.3}$$

$$DAB\text{-}MAT\text{-} = \beta_0 + \beta_1 Layer + \beta_2 Size + \beta_3 CVA + \sum_{i=1}^{2}\beta_{i+3}Year_i$$

$$+ \sum_{j+5}^{11}\beta_{j+5}IN_j + \varepsilon \tag{3.4}$$

$$DAB\text{-}MAT\text{-} = \beta_0 + \beta_1 DR5 + \beta_2 Size + \beta_3 CVA + \sum_{i=1}^{2}\beta_{i+3}Year_i +$$

$$\sum_{j+5}^{11}\beta_{j+5}IN_j + \varepsilon \tag{3.5}$$

上述模型中，DAB、MAT 为被解释变量，DAB 表示资产负债率，用来度量债务融资比例，采取账面价值法测量资产负债率，即期末总负债的价值与期末总资产的价值之比来计算;MAT 表示长期债务比,用来度量债务期限结构,采取长期负债占债务总额的比即长期债务比来描述债务期限结构水平。

UVR、UCR、SR、Layer、DR5 为解释变量,其中,UVR 表示终极控制权,采取各条控制链上投票权最小值的加总来计算,通过该变量系数的显著性、符号、大小来检验假设 3.1:终极控制权与债务融资比例负相关,与债务期限水平正相关;UCR 表示终极现金流量权,采取各个控制链上控股比例的乘积之和来计算,通过该变量系数的显著性、符号、大小来检验假设 3.2:终极现金流量权与债务融资比例负相关,与债务期限结构正相关;SR 表示两权偏离程度,通过计算终极控制权与终极现金流权之比而得到,通过该变量及其二次项系数的显著性、符号、大小来检验假设 3.3:两权分离下,终极控制股东偏向于债务融资,两权分离度与债务融资比例呈倒 U 形关系,与债务期限结构负相关;Layer 表示控制链层级,采取所有控制链中最长控制链包含的层级数来计算,通过该变量系数的显著性、符号、大小来检验假设 3.4:层级数与债务融资比例正相关,与债务期限水平负相关;DR5 表示股权制衡度,采取计算第二到第五大股东股权之和与第一大股东股权之比而得到,通过该变量系数的显著性、符号、大小来检验假设 3.5:股权制衡与债务融资比例正相关,与债务期限水平正相关。

Size、CVA、Year、IN 为控制变量,引入这些变量的目的是为了控制一些对债务融资产生显著影响的公司、行业、时间等特征因素,使终极控制权下的上市公司债务融资各因素关系更准确体现出来,其中,Size 表示公司规模,本书用总资产对数来描述;CVA 表示资产有形性,本书以存货与固定资产之和与总资产的比来加以衡量;Year 表示年份,是一虚拟变量,为该年份时取 1,否则取 0;IN 表示行业,是一虚拟变量,为该行业时取 1,否则取 0。

3.1.5　实证检验与分析

1.描述统计分析

根据各变量的定义,计算 837 家样本公司 2011—2013 年各解释变量、被解释变量的最小值、最大值、均值和标准差,详见表 3-2。

表 3-2　2011—2013 年各变量描述性统计结果

变量	年份	最小值	最大值	均值	标准差
资产负债率	2011	0.00	0.99	0.5257	0.2153
	2012	0.01	0.98	0.5297	0.2573
	2013	0.00	0.99	0.5350	0.2324
长期债务比	2011	0.00	0.91	0.1278	0.1624
	2012	0.00	0.90	0.1393	0.1750
	2013	0.00	0.92	0.1467	0.1632
终极控制权	2011	0.10	0.85	0.5561	0.1657
	2012	0.11	0.90	0.5442	0.1543
	2013	0.11	0.88	0.5193	0.1627
终极现金流量权	2011	0.01	0.81	0.3862	0.1832
	2012	0.02	0.83	0.3653	0.1942
	2013	0.02	0.82	0.3462	0.1782
两权分离度	2011	1.00	12.26	1.44	1.15
	2012	1.00	13.31	1.49	1.03
	2013	1.00	14.20	1.50	1.17
控制链层级	2011	1	6	2.28	0.8923
	2012	1	8	2.29	0.9324
	2013	1	8	2.30	0.9879

变量	年份	最小值	最大值	均值	标准差
股权制衡	2011	0.01	3.31	0.5622	0.5679
	2012	0.01	3.29	0.5473	0.5523
	2013	0.01	3.42	0.5589	0.5834

从表 3-2 中可以看到,我国资产负债率和长期债务比在 2011—2013 年呈逐渐上涨的趋势,其中资产负债率的均值超过 52%,表明债务融资逐渐在我国上市公司融资方式中占据重要位置,债务的财务杠杆作用得到了应有的发挥;但长期债务比的均值比较低,在 13% 左右,这说明我国上市公司债务融资中大多数选择的是短期贷款,这是由于债券市场欠发达,加之我国缺乏债权人保护的法律和制度,债权人出于自身安全的考虑,大多不愿意提供长期借款。2011—2013 年期间,我国上市公司控制权呈下降趋势,现金流量权也有类似的现象,但是两权分离度却呈上升趋势,这表明上市公司终极控制人能以较小的现金流量权有效控制目标公司。2011—2013 年期间,我国上市公司控制链层级最多的有 8 个,均值在 2.3 左右,这说明我国大多数上市公司终极控制股东利用 2～3 家中间层级公司对目标公司实施控制。股权制衡程度在 54%～55% 区间,但其离散程度也相对较大,说明其他大股东对终极控制人的制约程度差异较大,有的公司股权制衡度比较高,其他大股东能有效控制终极控制股东,但有的公司股权制衡度比较低,出现终极控制股东绝对控制公司的现象。

2. 相关分析

相关系数的计算如表 3-3 所示,终极现金流量权、终极控制权、两权分离度、控制链层级和股权制衡度与资产负债率和长期债务比的关系与预期的结果基本相符,其他控制变量与债务融资比和长期债务比的关系与预期的结果也基本一致,这初步验证了我们之前的假设。同时,各解释变量之间的相关系数小于 50%,

即解释变量间无多重共线性,可以用来解释被解释变量。

表 3-3　Pearson 相关系数表

	DAB	*MAT*	*UVR*	*UCR*	*SR*	*Layer*	*DR5*	*Size*	*CVA*
DAB	1.000								
MAT	.118 .000＊＊＊	1.000							
UVR	−.160 .000＊＊＊	−.533 .000＊＊＊	1.000						
UCR	−.153 .000＊＊＊	.227 .000＊＊＊	.022 .271	1.000					
SR	.202 .000＊＊＊	−.423 .000＊＊＊	.032 .109	−.013 .515	1.000				
Layer	.165 .000＊＊＊	−.232 .000＊＊＊	.037 .064＊	.008 .689	.031 .120	1.000			
DR5	.042 .035＊＊	.053 .008＊＊＊	−.029 .146	−.017 .394	−.019 .341	−.033 .098＊	1.000		
Size	.353 .000＊＊＊	.356 .000＊＊＊	.016 .423	−.003 .881	.029 .146	.011 .582	.001 .960	1.000	
CVA	.043 .031＊＊	.047 .019＊＊	.026 .193	.019 .341	−.025 .210	.023 .249	−.005 .802	.021 .293	1.000

注:表中第一行数字为相关系数,第二行数字为概率值;＊、＊＊和＊＊＊分别表示在 0.1、0.05 和 0.01 的水平上显著。

3.多元回归分析

表 3-4 和表 3-5 分别是各变量对债务融资比例和债务期限结构的回归分析结果,两个表格中调整系数 R^2 基本上在 40％左右,说明模型的拟合度符合一定要求,基本上能反应解释变量和被解释变量之间的相关关系;DW 统计值接近于 2,说明各模型不存在自相关问题;各模型怀特(White)检验统计量 WT 的值均小于临界值(5％显著性水平下),说明各模型不存在异方差。

表3-4　各变量对债务融资比例的回归分析结果

	Model 3.1	Model 3.2	Model 3.3	Model 3.4	Model 3.5
(Constant)	$-0.835***$	$-0.892***$	$-0.932***$	$-0.856***$	$-0.915***$
	(-6.732)	(-7.235)	(-8.354)	(-6.985)	(-7.795)
UVR	$-0.236***$				
	(-5.102)				
UCR		$-0.329**$			
		(-4.896)			
SR			0.732		
			(9.423)		
SR^2			$-0.156**$		
			(-8.492)		
Layer				$0.623*$	
				(4.703)	
DR5					0.231
					(3.634)
Size	$0.231***$	$0.292***$	$0.215***$	$0.258***$	$0.273***$
	(10.512)	(10.112)	(9.534)	(9.583)	(10.029)
CVA	$0.835*$	$0.793*$	$0.812*$	$0.819*$	$0.862*$
	(7.992)	(8.031)	(8.623)	(7.193)	(8.215)
Year	控制	控制	控制	控制	控制
IN	控制	控制	控制	控制	控制
F 值	$61.025***$	$59.823***$	$60.235***$	$62.013***$	$61.078***$
调整系数 R^2	0.431	0.409	0.428	0.443	0.401
DW 统计值	1.867	1.792	1.930	1.873	1.826
WT 统计值	123.169	100.735	98.752	87.992	109.570

注：$*$、$**$ 和 $***$ 分别表示在 0.1、0.05 和 0.01 的水平上显著。

表 3-5　各变量对债务期限结构的回归分析结果

	Model 3.1	Model 3.2	Model 3.3	Model 3.4	Model 3.5
(Constant)	−0.923 * * * (−7.752)	−0.897 * * * (−8.132)	−0.951 * * * (−8.279)	−0.826 * * * (−7.923)	−0.921 * * * (−8.653)
UVR	−0.324 (−6.032)				
UCR		0.267 * (5.234)			
SR			−0.634 * * * (−8.273)		
SR²			−0.287 (−6.459)		
Layer				−0.537 * (−5.987)	
DR5					0.765 (7.693)
Size	0.351 * * * (8.572)	0.312 * * * (8.912)	0.387 * * * (9.023)	0.303 * * * (9.214)	0.318 * * * (8.992)
CVA	0.821 * * (9.092)	0.834 * * (8.937)	0.827 * * (9.133)	0.809 * * (8.993)	0.831 * * (9.205)
Year	控制	控制	控制	控制	控制
IN	控制	控制	控制	控制	控制
F 值	60.035 * * *	59.678 * * *	60.975 * * *	61.913 * * *	62.032 * * *
调整系数 R²	0.398	0.423	0.401	0.452	0.415
DW 统计值	1.823	1.798	1.901	1.867	1.852
WT 统计值	89.743	92.035	88.447	78.693	99.106

注：* 、* * 和 * * * 分别表示在 0.1、0.05 和 0.01 的水平上显著。

　　根据对表 3-4、表 3-5 的分析发现，终极控制权与资产负债率的回归系数为 −0.236，在 1% 的水平上显著，与假设 3.1 相符，这说明终极控制权越大，上市公司终极控制股东的控股地位越牢固，权益资金融资具有较弱的控制权稀释作用，控股股东越倾向于股权融资方式而不采取债务融资方式；投票权与长期负债比负相关，回归系数为 −0.324，但在 10% 水平上不具有显著性，无法支持假设3.1。这说明在债权人看来,终极控制股东较大的控制权并不能对管理者形成有效的监督,当终极控制权较大时,债权人反而担心终极控制股东会通过金字塔结构转移资源。

从两个表中可以看出,终极所有权与资产负债率负相关,回归系数为-0.329,在5%的水平上具有显著性,这与假设3.2相符,这说明在我国上市公司中,终极控制股东现金流权越小,其因为债务融资承担的风险越小,越倾向于采用债务融资方式,当终极控制股东现金流权增加时,终极控股股东与公司目标相同,过多地使用债务融资会增加公司的财务风险,进而会损害到终极控制股东自身的利益,因此会减少债务融资方式的应用;终极所有权与长期债务比正相关,回归系数为0.267,在10%的水平上具有显著,与假设3.2相符。这说明当终极控制股东持有的所有权较少时,为了防止其利用债务融资为自己谋取利益,加强对终极控制股东的监督,债权人更倾向于提供短期贷款。

从两表中可以看出,两权分离度与债务融资比正相关,但并不显著,而两权分离度的平方与债务融资比在5%的水平上负相关,且显著,这说明两权偏离与债务融资比呈倒U形关系,与假设3.3相符。随着两权分离度的提高,终极控制股东通过提高债务资金水平增加自己利益的侵占动机更加强烈,但是这种动机随着两权分离度的一直增加并不能实现,期间会有一个转折点,债权人为了维护自身的资金安全,会对终极控制股东的债务融资进行约束;两权分离度与长期债务比在1%的水平上显著负相关,回归系数为-0.634,两权分离度的平方与长期债务比负相关,但不显著,与假设3.3相符。这说明两权分离度越高,债权人越有理由相信终极控制股东会利用金字塔控股层级转移资源,就越倾向于提供短期债务。

从回归分析结果可以看出,控制链层级与债务融资比例在10%的水平上显著正相关,回归系数为0.623,与假设3.4相符,这说明控制链层级越高,终极控制股东越有动机采取负债融资方式为自己谋取私利;控制链层级与长期债务比在10%的水平上负相关,回归系数为－0.537,与假设 3.4 相符,这说明当控制链层级提高时,债权人对终极控制股东的警惕性越高,越不愿意提供长期债务。

从回归分析结果可以看出,股权制衡度与债务融资比例和长期债务比均呈正相关关系,但均不具有显著性,这只是在一定程度上证实了假设 3.5,但不够充分。这有可能是本书搜集的数据方面的问题,也有可能是我国上市公司股权制衡与企业债务融资的问题较为复杂,除了受终极控制股东与其他大股东的影响外,还受终极控制股东与管理者的影响。

对设定模型控制变量回归结果的分析发现,企业规模与资产负债率和长期债务比均在 1‰ 的水平上显著正相关,即当企业规模较大时,筹资方式表现出了负债融资偏好,获得财务杠杆利益,同时,企业规模越大,债权人对企业越有信心,越倾向于提供长期负债;资产有形性与债务融资比在 10‰ 的水平上显著正相关,与长期债务比在 5‰ 的水平上显著正相关。这说明有形资产越多,企业可供抵押的资产越多,越有机会获得债务融资,且债权人愿意提供长期债务。此外,变量中的年份因素和行业因素都得到了应有的控制。

4.稳健性检验

为了验证上述结论是否稳健,将五个解释变量(终极控制权、终极现金流量权、两权分离度、控制链层级与股权制衡)放到同一个模型中,如模型 3.6、模型 3.7,利用 2011—2013 年我国沪深上市公司 A 股相同的样本数据对模型 3.6 和模型 3.7 进行估计,估计结果见表 3-6。

表 3-6 稳健性检验结果

	Model 3.6			Model 3.7		
	Beta	t	Sig	Beta	t	Sig
(Constant)		－8.538	0.000		－8.912	0.000

续表

	Model 3.6			Model 3.7		
	Beta	*t*	*Sig*	*Beta*	*t*	*Sig*
UVR	−0.287	−6.513	0.002	−0.351	−6.437	0.126
UCR	−0.356	−4.971	0.046	0.251	5.057	0.062
SR	0.682	8.995	0.105	−0.651	−8.373	0.006
*SR*²	−0.159	−8.537	0.039	−0.296	−6.571	0.151
Layer	0.731	4.892	0.087	−0.571	−6.032	0.071
DR5	0.201	3.257	0.131	0.691	7.252	0.125
Size	0.252	9.531	0.000	0.242	9.312	0.000
CVA	0.851	8.062	0.085	0.823	7.932	0.072
Year	控制			控制		
IN	控制			控制		
F 值	63.511＊＊＊			61.632＊＊＊		
调整系数 R^2	0.359			0.387		
DW 统计值	1.805			1.799		
WT 统计值	90.197			92.752		

对比表 3-4、表 3-6 的估计结果,各解释变量对资产负债率的影响关系没有改变。表 3-6 中对模型 3.6 估计的各个变量系数与表 3-4 中对模型 3.1、3.2、3.3、3.4、3.5 估计的各个变量系数的显著性检验的结论完全相同,而且,两表中各模型各个解释变量系数的估计值正负号没有变化,数值大小差异性也非常小,表明各个解释变量对资产负债率影响的方向、大小是稳定的,进一步检验了上述分析中的结果:终极控制权与资产负债率负相关,终极控制权越大,股权融资对控制权的稀释作用越小,控股股东越倾向于股权融资方式而不采取债务融资方式;终极现金流量权与资产负债率负相关,终极控制股东现金流量权越小,其因为债务融资承担的风险越小,越倾向于采用债务融资方式;两权分离度与资产负债率正相关,但并不显著,且两权分离度与资产负债率呈

倒 U 形关系;控制链层级与资产负债率显著正相关;股权制衡度与资产负债率呈正相关关系,但不具有显著性;企业规模与资产负债率显著正相关,这说明企业规模越大,越倾向于采用负债融资方式。

同样,对比表 3-5、表 3-6 的估计结果,各解释变量对长期债务比的影响关系也没有改变。表 3-6 中对模型 3.7 估计的各个变量系数与表 3-5 中对模型 3.1、3.2、3.3、3.4、3.5 估计的各个变量系数显著性检验的结论也完全相同,表明各个解释变量对长期债务比影响的方向、大小是稳定的,进一步检验了回归分析的结果:终极现金流量权与长期债务比正相关,终极控制权、两权分离度、控制链层级与长期债务比负相关,股权制衡度与长期债务比呈正相关关系,但不具有显著性。

$$DNA = \beta_0 + \beta_1 UVR + \beta_2 UCR + \beta_3 SR + \beta_4 SR^2 + \beta_5 Layer$$

$$+ \beta_6 DR5 + \beta_7 Size + \beta_8 CVA + \sum_{i=1}^{2} \beta_{i+8} Year_i$$

$$+ \sum_{i=1}^{11} \beta_{j+10} IN_j + \varepsilon \tag{3.6}$$

$$MAT = \beta_0 + \beta_1 UVR + \beta_2 UCR + \beta_3 SR + \beta_4 SR^2 + \beta_5 Layer$$

$$+ \beta_6 DR5 + \beta_7 Size + \beta_8 CVA + \sum_{i=1}^{2} \beta_{i+8} Year$$

$$+ \sum_{i=1}^{11} \beta_{j+10} IN_j + \varepsilon \tag{3.7}$$

3.2   终极控制人类型特征与负债融资

为了重点考虑政治关系对企业债务融资决策的影响,本书单独分析终极控制人类型和企业债务融资的关系。我国现实情况比较特殊,其独特的经济背景客观上决定了我国存在着两种不同导向的上市公司,行政导向的上市公司和市场导向的上市公司,以行政导向为主的国家控股上市公司,以市场导向为主的民营控股的上市公司。一般来说,国家控股的上市公司有特定的政治背景,存在一定的政治关系。具体来说,政治关系的密切程度是影响企业获得银行贷款的重要因素。按照声誉理论,当债务契约的有效履行无法由司法体系保证时,对债务契约产生重要影响的因素之一就是借款人声誉。银行对具有良好声誉的企业履行债务契约有信心,企业履约成本相对较低,贷款的期限也比较长。企业自身无良好声誉,但可以从政府"借得"声誉时,也同样起到与自身拥有良好声誉一致的效果。

"政府声誉"在企业贷款中有很大的作用,政治上的支持可以让企业在长期贷款时更容易被信任,这也是"政治关系"的具体体现。这是因为:①政府对债务企业进行隐形担保,当债务企业出现经济危机时,有政府的帮助容易脱离困境。②当一个国家的银行为政府控股时,政府对企业债务能够发挥重要影响。政府控股的银行决定了其具有国有性质,一旦国有银行陷入困境,政府会通过财政补贴等手段化解银行危机,不然,银行的破产可能会导致国家的动荡。③银行有可能迫于压力,不得不为行政官员的朋友或者其企业提供资金融通,并且有些银行高管以前很可能就是行政官员。④债权人可能得到与企业有关系的政府的经济支持。Khwaja 和 Mian 提出当企业存在"政治关系"时,公司高层管理人员中将被视为有"政客"的存在,并将此作为基础。以巴基斯坦的企业为样本进行研究,得出两个结论:当企业有"政府关系"时,一是企业在竞争中得到的待遇要优于其他无"政治关系"的企业;二是企业与银行的合作更加便利,贷款更为容易①。

3.2.1　理论分析与研究假设

自十一届三中全会以来,我国国有企业在经济发展层面的改

---

① Khwaja A I, Mian A. Do Lenders Favor Politically Connected Firms? Rent Provision in an Emerging Financial Market[J]. The Quarterly Journal of Economics, 2005:1371—1411.

革赢得了一定的成绩,但在行政层面上来说,并未实现政企分离,政企关系仍比较紧密,政府有时候会利用对金融机构的影响来帮助企业,在改革进程中获得的成绩较少。政府对企业发展的干预有强弱之分,干预程度越强,关系越紧密,企业利用政府隐性担保时更顺利,获得银行贷款也更容易。因此,提出如下假设。

假设 3.6:政府对企业的干预程度越强,债务融资比例和债务期限结构比率越大。

依据终极控制人性质不同,终极控制人可以分为国有控股和民营控股两类,其中国有控股的主体包括机关事业单位、国务院国资委和地方国资委等,民营控股的主体包括境内自然人、民营企业和境外法人等。我国债券市场并不发达,企业主要的借款渠道是银行借款。当终极控制人为国有时,相应的,其债权人大都是国有商业银行。虽然国有四大商业银行已经先后实现了挂牌上市,但其完善的商业化融资体系还未建立。此外,从性质上来说,国有上市公司和国有上市银行的控股股东都属于国家,从另一方面考虑,国有上市公司不仅要实现经营目标,还要兼顾实现稳定就业、提高社会效益等政治目标,当出现资不抵债时,政府出于行政目标考虑不会让企业走向破产的境地。在国有上市公司中,债务的破产威胁效应无法有效发挥。此外,这些公司一般投资垄断行业,比如自来水、电力、石油等行业,经营风险小,在进行银行贷款时更容易。但是当终极控制人为民营时,其融资渠道更依赖于银行,尤其是一些中小民营企业,由于无法在股票市场上筹集资金,只能向银行借款,其和银行之间的关系是真实的债权债务关系,受到银行制度的严密监管。一旦其资不抵债,就会被债权人依法申请破产,负债的破产威胁效应真正发挥了作用。而且民营企业投资领域竞争性一般比较大,比如房地产、服务、制造业等行业,经营风险大,更难获得银行借款,尤其是长期借款。王鲁平等(2014)的研究认为,相比民营企业而言,国有企业具有更高的债务融资比和债务期限结构。因此,提出如下假设。

假设 3.7:国有控股企业的债务融资比例和债务期限结构指

标要比民营控股企业大。

我国上市公司大部分由国家控股,但仔细划分,国家控股的形式有所不同。有的上市公司由政府直接控股,而有的上市公司由政府通过经济实体间接控股。当上市公司为政府直接控股时,其政治关系更强,政府会直接通过行政干预为企业提供融资便利,这时企业可表现出较高的资产负债率和长期债务比例。当上市公司为政府间接控股时,其对政府的依赖作用减弱,相对倾向于以市场为导向。因此,提出如下假设。

假设3.8:政府直接控股的企业债务融资比例和债务期限结构指标要高于政府间接控股的企业。

对于政府直接控股的上市公司,可细分为中央政府控股和地方政府控股。在我国转型市场经济中,中央和地方两级政府扮演了不同的角色。中央政府改革银行系统的目标之一就是降低政府对银行的过多干预,约束政府对银行的干预行为。此外,中央控股的上市公司多涉及国计民生行业,作为产业发展的重点扶持对象、同类企业中的龙头,在自身盈利以及资金链方面都具有很强的优势,很有可能从政府获得补贴。因此,中央控股企业向银行借款相对少些,而且债务期限结构相对较短。地方政府却存在着严重的地方保护,尤其是1994年财政分权体制改革后,地方政府在财政收支方面的负担骤增。为了提升自己的政绩,保障和促进当地经济发展、社会进步,地方政府对银行干预程度比较大。地方政府控股的企业在获得银行贷款时更容易,尤其是长期贷款。因此,提出如下假设。

假设3.9:地方政府控股的企业债务融资比例和债务期限结构指标要高于中央政府控股的企业。

3.2.2 变量设计

为了研究最终控股人类型对企业债务融资产生的影响,在3.1节变量定义的基础上,根据本节对相关理论的阐述,从以下几个方面引入变量。

（1）引入政府干预程度（GOV）作为解释变量。本书选取樊纲、王小鲁编写的《中国市场化指数》中"减少政府对企业的干预"综合指标作为政府干预程度指标，此指标越小，说明政府与企业的关系越密切。该书中政府干预指数统计到 2009 年，为了得到本书研究时期的数据，借鉴其他学者的处理，通过平滑获得 2011—2013 年政府干预指数。

（2）设置虚拟变量 CH、ZJ、$CENT$ 作为解释变量。当国家是终极控股人时，$CH=1$，当终极控制人为民营控股，$CH=0$；当政府是直接终极控股人时，$ZJ=1$，当政府是间接终极控股人时，$ZJ=0$；当中央政府是直接终极控股人时，$CENT=1$，当地方政府是直接终极控股人时，$CENT=0$。

（3）为了更好地检验终极控制权的影响下终极控制人类型对债务融资决策的影响，本检验在 3.1 节控制变量的基础上加上终极控制权（UVR）、终极现金流量权（UCR）、两权分离度（SR）、控制链层级（$Layer$）。

有关各变量详细信息见表 3-7。

表 3-7　变量定义表

变量类型	变量名称	变量代码	变量定义
被解释变量	资产负债率	DAB	负债总额/资产总额
	长期债务比	MAT	长期负债/负债总额
解释变量	政府干预程度	GOV	减少政府对企业的干预指标
	终极控制人性质	CH	国家控股时，$CH=1$；民营控股 $CH=0$
	国家控股形式	ZJ	政府直接控股时，$ZJ=1$；间接控股时，$ZJ=0$
	国家控股主体	$CENT$	中央政府直接控制时，$CENT=1$；地方政府直接控股时，$CENT=0$

变量类型	变量名称	变量代码	变量定义
控制变量	终极控制权	UVR	各条控制链上投票权最小值的加总
	终极现金流量权	UCR	各个控制链上控股比例的乘积之和
	两权分离度	SR	$SR = UVR / UCR$
	控制链层级	Layer	所有控制链中最长控制链包含的层级数
	公司规模	Size	总资产的对数
	资产有形性	CVA	(存货＋固定资产)/总资产
	年份	Year	虚拟变量,为该年份时取 1,否则取 0
	行业	IN	虚拟变量,为该行业时取 1,否则取 0

3.2.3 模型设计

针对假设 3.6、3.7、3.8、3.9,我们建立以下模型:

$$DAB(WAT) = \beta_0 + \beta_1 GOV + \beta_2 UVR + \beta_3 UCR + \beta_4 SR$$
$$+ \beta_5 Layer + \beta_6 Size + \beta_7 CVA + \sum_{i=1}^{2} \beta_{i+7} Year$$
$$+ \sum_{i=1}^{11} \beta_{i+9} IN_j + \varepsilon \qquad (3.8)$$

$$DAB(MAT) = \beta_0 + \beta_1 GOV + \beta_2 CH + \beta_3 UVR + \beta_4 UCR$$
$$+ \beta_5 SR + \beta_6 Layer \beta_7 Size + \beta_8 CVA$$
$$+ \sum_{i=1}^{2} \beta_{i+8} Year_i + \sum_{i=1}^{11} \beta_{j+10} IN_J + \varepsilon \qquad (3.9)$$

$$DAB(MAT) = \beta_0 + \beta_1 GOV + \beta_2 ZJ + \beta_3 UVR + \beta_4 UCR + \beta_5 SR$$
$$+ \beta_6 Layer + \beta_7 Size + \beta_8 CVA$$
$$+ \sum_{i=1}^{2} \beta_{i+8} Year_i + \sum_{i=1}^{11} \beta_{J+10} IN_J + \varepsilon \qquad (3.10)$$

$$DAB(MAT) = \beta_0 + \beta_1 GOV + \beta_2 CENT + \beta_3 UVR + \beta_4 UCR$$
$$+ \beta_5 SR + \beta_6 Layer + \beta_7 Size + \beta_8 CVA$$
$$+ \sum_{i=1}^{2} \beta_{i+8} Year_i + \sum_{i=1}^{11} \beta_{J+10} IN_J + \varepsilon \qquad (3.11)$$

上述模型中，DAB、MAT 为被解释变量，DAB 表示资产负债率，用来度量债务融资比例，采取账面价值法测量资产负债率，即期末总负债的价值与期末总资产的价值之比来计算；MAT 表示长期债务比，用来度量债务期限结构，采取长期债务占全部债务的比重即长期债务比来计算。

GOV、CH、ZJ、$CENT$ 为解释变量，其中，GOV 表示政府干预程度，采取"减少政府对企业的干预"综合指标来衡量，通过该变量系数的显著性、符号、大小来检验假设 3.6：政府干预程度越强，债务融资比例和债务期限结构指标越大；CH 表示终极控制人性质，是虚拟变量，国家控股时，该变量取值为 1；民营控股时，该变量取值为 0，通过该变量系数的显著性、符号来检验假设 3.7：国有控股企业的债务融资比例和债务期限结构指标要比民营控股企业大，若该变量系数估计值为正，并显著，说明假设 3.7 成立，否则，假设 3.7 不成立；ZJ 表示国家控股形式，是虚拟变量，政府直接控股时，该变量取值为 1；政府间接控股时，该变量取值为 0，通过该变量系数的显著性、符号来检验假设 3.8：政府直接控股的企业债务融资比例和债务期限结构指标要高于政府间接控股的企业，若该变量系数估计值为正，并显著，说明假设 3.8 成立，否则，假设 3.8 不成立；$CENT$ 表示国家控股主体，是虚拟变量，中央政府直接控制时，该变量取值为 1；地方政府直接控制时，该变量取值为 0，通过该变量系数的显著性、符号来检验假设 3.9：地方政府控股的企业债务融资比例和债务期限结构指标要高于中央政府控股的企业，若该变量系数估计值为负，并显著，说明假设 3.9 成立，否则，假设 3.9 不成立。

UVR、UCR、SR、$Layer$、$Size$、CVA、$Year$、IN 为控制变量，这些变量的作用、内涵与计算方法在 3.1 节中已详细介绍，这里不再重复。

3.2.4 实证检验与分析

1. 相关分析

相关系数的计算如表 3-8 所示,政府干预程度与资产负债率和长期债务比的相关系数皆为负数,政府干预指数代表的是政府对企业融资活动的干预程度,该指数越大,政府的干预程度越小,企业的资产负债率和长期债务比例指标也就越小,一定程度上验证了假设 3.6;终极控制人性质、国家控股形式与资产负债率和长期债务比的相关系数都为正数,根据两个虚拟变量的定义,这也在一定程度上验证了假设 3.7 和假设 3.8;国家控股主体与资产负债率和长期债务比的相关系数皆为负数,这初步验证了我们之前的假设 3.9:地方政府控股的企业债务融资比例和债务期限结构指标要高于中央政府控股的企业。同时,各解释变量之间的相关系数小于 50%,即解释变量间无多重共线性,可以用来解释被解释变量,CH、ZJ、CENT 三个变量,根据其定义,它们之间的Pearson 相关系数无法计算,但模型设计是把该三个变量各自引入模型、分别估计(见 Model 3.9、Model 3.10、Model 3.11),不影响进行多元统计分析。

表 3-8　Pearson 相关分析

	DAB	*MAT*	*GOV*	*CH*	*ZJ*	*CENT*
DAB	1.000					
MAT	.118 .000 * * *	1.000				
GOV	−.113 .000 * * *	−.241 .000 * * *	1.000			
CH	.201 .000 * * *	.179 .000 * * *	−.036 .238	1.000		
ZJ	.163 .000 * * *	.147 .000 * * *	−.074 .156		1.000	

续表

	DAB	*MAT*	*GOV*	*CH*	*ZJ*	*CENT*
CENT	−.129	−.308	−.086			1.000
	.000 * * *	.000 * * *	.132			

注:表中第一行数字为相关系数,第二行数字为概率值;∗、∗∗和∗∗∗分别表示在 0.1、0.05 和 0.01 的水平上显著。

2.多元回归分析

本次检验仍以 2011—2013 年沪深 A 股上市公司 837 家为样本,其中国有上市公司 628 家,民营上市公司 209 家;在国家控股中,国家直接控股的有 400 个,国家间接控股的有 228 个;在国家直接控股中,中央政府直接控股的有 141 个,地方政府直接控股的有 259 个。表 3-9 和表 3-10 分别是在考虑政治关系下终极控制人类型对债务融资比例和债务期限结构的影响,其中调整系数 R^2 和 DW、WT 统计值的含义与前文相同,这里不再叙述。

表 3-9 终极控制人类型对债务融资比例影响的回归分析结果

	Model 3.8	Model 3.9	Model 3.10	Model 3.11
(Constant)	−0.625 * * *	−0.615 * * *	−0.627 * * *	−0.631 * * *
	(−10.324)	(−10.067)	(−10.112)	(−10.125)
GOV	−0.025 * *	−0.020 * *	−0.021 * *	−0.023 * *
	(−6.237)	(−6.201)	(−6.219)	(−6.251)
CH		0.534 * * *		
		(8.231)		
ZJ			0.512 *	
			(7.261)	
CENT				−0.091
				(−4.391)
UVR	−0.212 * * *	−0.223 * * *	−0.235 * * *	−0.237 * * *
	(−5.001)	(−5.003)	(−5.012)	(−5.101)
UCR	−0.318 * *	−0.320 * *	−0.325 * *	−0.331 * *
	(−4.513)	(−4.582)	(−4.631)	(−4.812)
SR	0.721	0.725	0.733	0.738
	(9.283)	(9.295)	(9.355)	(9.419)

续表

	Model 3.8	Model 3.9	Model 3.10	Model 3.11
$Layer$	0.603 *	0.615 *	0.621 *	0.625 *
	(4.685)	(4.693)	(4.721)	(4.753)
$Size$	0.237 * * *	0.243 * * *	0.251 * * *	0.262 * * *
	(10.113)	(10.251)	(10.501)	(10.683)
CVA	0.812 *	0.799 *	0.807 *	0.821 *
	(8.217)	(8.131)	(8.031)	(8.387)
$Year$	控制	控制	控制	控制
IN	控制	控制	控制	控制
F 值	73.219 * * *	75.708 * * *	66.270 * * *	59.516 * * *
调整系数 R^2	0.393	0.401	0.412	0.413
DW 统计值	1.812	1.791	1.803	1.812
WT 统计值	89.32	96.86	109.54	110.46

注：*、* * 和 * * * 分别表示在 0.1、0.05 和 0.01 的水平上显著。

表3-10　终极控制人类型对债务期限结构影响的回归分析结果

	Model 3.8	Model 3.9	Model 3.10	Model 3.11
(Constant)	−0.605 * * *	−0.608 * * *	−0.612 * * *	−0.618 * * *
	(−10.028)	(−10.079)	(−10.115)	(−10.225)
GOV	−0.021 * *	−0.019 * *	−0.019 * *	−0.023 * *
	(−6.207)	(−6.119)	(−6.112)	(−6.251)
CH		0.621 * * *		
		(8.037)		
ZJ			0.615 *	
			(7.063)	
$CENT$				−0.087
				(−4.354)
UVR	−0.313	−0.319	−0.321	−0.323
	(−6.019)	(−6.021)	(−6.028)	(−6.035)
UCR	0.258 *	0.259 *	0.263 *	0.266 *
	(5.213)	(5.216)	(5.225)	(5.231)
SR	−0.629 * * *	−0.630 * * *	−0.632 * * *	−0.635 * * *
	(−8.256)	(−8.262)	(−8.271)	(−8.275)
$Layer$	−0.531 *	−0.534 *	−0.539 *	−0.542 *
	(−5.952)	(−5.963)	(−5.973)	(−5.983)

	Model 3.8	Model 3.9	Model 3.10	Model 3.11
Size	0.261＊＊＊ (10.215)	0.273＊＊＊ (10.257)	0.281＊＊＊ (10.324)	0.285＊＊＊ (10.493)
CVA	0.812＊＊ (8.219)	0.795＊＊ (8.011)	0.831＊＊ (8.712)	0.821＊＊ (8.623)
Year	控制	控制	控制	控制
IN	控制	控制	控制	控制
F 值	75.126＊＊＊	89.322＊＊＊	69.242＊＊＊	69.458＊＊＊
调整系数 R^2	0.391	0.398	0.392	0.397
DW 统计值	1.765	1.785	1.801	1821
WT 统计值	90.38	98.16	107.82	112.26

从表 3-9、3-10 中可以看出,4 个模型均有政府干预指数变量,得到的结果基本一致,即政府干预指数与债务融资比例和债务期限结构均在 5% 的水平上呈显著负相关关系,与假设 3.6 预期相符。由于政府干预指数代表的是政府对企业融资活动的干预程度,该指数越大,政府的干预程度越小,企业的资产负债率和长期债务比例指标也就越小。

两个表中模型 3.9 的估计分析得出,终极控制人的国有性质与债务融资比例和债务期限结构在 1% 的水平上呈显著正相关关系,与假设 3.7 相符。其中,国有控股的终极控制人与债务融资比例的回归系数为 0.534,与债务期限结构的回归系数为 0.621,这说明终极控制人的国有性质对债务期限结构的影响比债务融资比例更大。当终极控制人为国有时,其暗含的隐形担保使债权人对其更加有信心,更容易获得银行的长期贷款。

从两个表中模型 3.10 的估计分析得出,当终极控制人为政府直接控制时,其与债务融资比例和债务期限结构在 10% 的水平上呈显著正相关关系,并且与资产负债率的回归系数为 0.512,与长期债务比例的回归系数为 0.615,这说明当国家为直接终极控股人时,其表现出更强的政治关系,银行出于政治方面的考虑,更愿意向企业提供贷款;而当政府为间接的终极控股人时,其政治关系的声誉机制并没有得到有效的发挥,给企业带来的正效应并不显著,相对于政府直接控制,资产负债率和长期债务比例指标都比较小,此结论验证了假设 3.8。

从两个表中模型 3.11 的估计分析得出,中央政府控股系数与债务融资比例和债务期限结构负相关,当中央政府为终极控股人时,其自身盈利能力强,而且资金比较充裕,再加上国家补贴,一般不需要向银行借款;而地方政府对债务期限干预的更多,一般情况下,地方政府为了促进当地经济发展和提升自身业绩,会干预当地银行向管辖地企业提供长期贷款。但是这种关系可能由于数据的原因或受其他方面的影响在本次检验中表现得并不充分。

两个模型中终极控制权、终极现金流量权、两权分离度、控制链层级与债务融资比例和债务期限结构的关系与 3.1 节中的回归分析结果基本一致,没有发生实证性的变化,进一步验证了终极控制人特征对企业债务融资的关系,同时,企业规模、资产有形性与债务融资比例和债务期限结构的相关系数和显著性水平基本与前文相同,年份因素和行业因素也得到了应有的控制。

3.3　终极控制人背景特征与负债融资

不管上市公司的终极控制人是国有控股还是民营控股,其在面临融资决策时必须依靠高层管理团队做出,因此终极控制人的高层管理团队所具备的背景特征对企业融资决策影响巨大。20世纪 80 年代以来,高层管理团队(Top Management Team,TMT)是企业重要的人力资本,受到许多学者的关注,但是有关高层管理团队的界定并没有达成共识。本书界定的高层管理团队包括董事会和监事会成员、总经理(或 CEO)、CFO、技术总监、董事会秘书、党委书记等。Hambrick 等(1984)、Finkelstein 等

(1996)认为"高层管理团队的背景特征包括年龄、学历、专业背景、任期和政治关系"①②。这些因素会影响整个团队的创新性与创造性,反映了高层管理团队的价值观、经验和性格取向,决定了企业融资方式及渠道的选择。但就目前而言,大多数学者研究的是高层管理团队特征与公司财务成果的关系,而对高层管理团队特征与企业融资决策的关系几乎没有涉及,为了全面考虑终极控制权下的企业债务融资问题,本书单独考虑终极控制人背景特征对企业融资决策的影响。

3.3.1　理论分析与研究假设

Bantel 等(1989)、Wiersema 等(1992)认为,当高层管理团队平均年龄不同时,其风险倾向是有差异的③④。年轻的高管敢于承担风险,倾向于风险性投资,在市场竞争激烈的环境中,往往能够抓住战略计划,抢占战略优势。随着年龄的增长,高管人员在做出决策时倾向于求稳,不愿冒险,其对创业的激情减弱。利用债务融资可以获取财务杠杆利益,但要承担一定的财务风险。年轻的高管为了节约自身资金、充分配置资源,表现出对债务融资的偏好。在债务期限结构中,长期负债具有一定的稳定性,而短期债务容易使债务企业陷入财务风险,经常被平均年龄段大的高管所采用。因此,提出如下假设。

假设 3.10:终极控制人高管团队的平均年龄与资产负债率负

①　Hambrick D C,Mason P A. Upper Echelons:The Organization as a Reflection of its Top Managers[J]. Academy of Management Review,1984,9(2):193−206.

②　Finkelstein S,Hambrick D. Strategic Leadership[J]. St. Paul, Minn. :West, 1996:865−916.

③　Bantel K A, Jackson S E. Top Management and Innovations in Banking:Does the Composition of the Top Team Make a Difference [J]. Strategic Management Journal, 1989, 10(S1):107−124.

④　Wiersema M F,Bantel K A. Top Management Team Demography and Corporate Strategic Change[J]. Academy of Management Journal, 1992, 35(1):91−121.

相关,与债务期限结构正相关。

学历反映了人们受教育的程度,学历越高,说明经受了良好的教育,其解决复杂问题的能力相应较强。Bantel 等(1989)、Wiersema 等(1992)通过调查美国部分产业高管团队认为,高学历的高管团队在处理新事物时更容易获得成功[1][2]。高学历的团队运用所学知识及经验,对重大战略决策的处理能够表现出较高的水平,从而保证企业长期健壮成长。债务融资具有税盾效应,在高学历的团队中被普遍采用。一般来说,高学历的管理团队倾向于采用债务融资,而且为了获得稳定的资金,倾向于采取长期债务融资方式。何瑛等(2015)的研究也发现了类似的结论,认为教育水平越高,越偏好于负债融资及长期负债的安排[3]。因此,提出如下假设。

假设 3.11:终极控制人高管团队的学历与企业的资产负债率和债务期限结构均正相关。

高层管理团队的决策认知模式一定程度上由专业背景知识决定。Amason 等(1997)发现,如果高层管理团队所学专业是金融等经济管理类专业,能够较好把握风险价值观念,倾向于使用风险资金,善于使用债务资金,获取杠杆利益,提高财务绩效;相反地,若高层管理团队专业背景为非经济管理类时,则表现出了相对较强的风险厌恶偏好,并且长期债务大多定期付息,到期还本,财务风险较小,则被一些风险厌恶者所使用[4]。姜付秀等(2013)财务经理 CEO 显著提高了公司的负债水平,加速了企业

①　Bantel K A, Jackson S E. Top Management and Innovations in Banking: Does the Composition of the Top Team Make a Difference? [J]. Strategic Management Journal,1989, 10(S1): 107—124.

②　Wiersema M F, Bantel K A. Top Management Team Demography and Corporate Strategic Change[J]. Academy of Management Journal, 1992,35(1): 91—121.

③　何瑛,张大伟.管理者特质、负债融资与企业价值[J].会计研究,2015,8: 009.

④　Amason A C, Sapienza H J. The Effects of Top Management Team Size and Interaction Norms on Cognitive and Affective Conflict[J]. Journal of Management,1997, 23(4):495—516.

资本结构的调整①。因此,提出如下假设。

假设 3.12:终极控制人高管团队的专业背景若为非金融财务相关类,则相对厌恶债务融资,同时以长期债务融资方式为主。

Finkelstein 等(1990)认为,当高管团队任期增加时,其成员对风险厌恶越明显,在做决策时保持谨慎,比较保守。由于债务融资有还本付息的压力,运用不当有可能引起财务危机,所以任期长的高管团队相对厌恶债务融资,同时,由于短期债务还本付息具有较高的频次,耗费较多的时间和精力,被任期长的高管团队所拒绝②。李晓颖(2014)以沪深 2009—2012 年上市公司为样本进行研究,发现高管团队任期的差异影响资本结构决策,与资产负债率呈负相关关系③。因此,提出如下假设。

假设 3.13:终极控制人高管团队的任期与资产负债率负相关,与债务期限结构正相关。

当终极控制人的高管团队具有一定的政治背景时,往往可以获取有价值的信息规避某些风险,这种非正式的经济手段在我国企业发展中的作用是很重要的。当高管团队拥有良好的政治背景时,可以优先获得国家补贴、筹资机会和享受税收优惠,更容易从国有银行取得贷款,尤其是长期贷款。Faccio、Masulis 和 Mcconnell(2006)通过对 1997—2002 年的 35 个国家的 450 个有政治关系的企业进行实证分析,得出结论:有政治关系的企业在筹资时可以得到更多银行借款,当遇到财务危机时,政府会实施一定的干预,有可能得到政府的帮助④。李健等(2013)的研究认为,

---

　①　姜付秀,黄继承.CEO 财务经历与资本结构决策[J].会计研究,2013,5:006.

　②　Finkelstein S,Hambrick D C. Top-management-team Tenure and Organizational Outcomes:The Moderating Role of Managerial Discretion[J]. Administrative Science Quarterly,1990:484−503.

　③　李晓颖.高层管理团队异质性与资本结构动态调整研究[J].前沿,2014(9):109−113.

　④　Faccio M,Masulis R W,McConnell J. Political Connections and Corporate Bailouts[J]. The Journal of Finance,2006,61(6):2597−2635.

高管团队的政治管理对债务期限结构的安排具有显著的正向影响[1]。Jinyu Yang 等的研究发现,民营企业终极控制人在政治上有关联可以获得更多的银行贷款,从而克服市场机制的缺陷[2]。因此,提出如下假设。

假设 3.14:终极控制人高管团队的政治背景与企业的资产负债率和债务期限结构均正相关。

3.3.2 变量设计

本节的数据来源与前文相同,被解释变量仍是债务融资比例和债务期限结构,控制变量为终极控制权(UVR)、终极现金流量权(UCR)、两权分离度(SR)、控制链层级($Layer$)、公司规模($Size$)、权益净利率(ROE)、资产有形性(CVA)、年份($Year$)、行业(IN)等,在此基础上,引入以下解释变量。

(1)年龄(Age)。指高层管理团队平均年龄,30 岁以下用 0 表示,30～40 岁(含 40 岁)用 1 表示,40～50 岁(含 50 岁)用 2 表示,50～60 岁(含 60 岁)用 3 表示,60 岁以上用 4 表示。

(2)学历($Degree$)。学历分为五类,并赋值如下:中专及以下=1、大专=2、本科=3、硕士=4、博士=5。

(3)专业背景($Major$)。如果所学专业是金融等经济管理类,变量为 1,否则为 0。

(4)任期($Time$)。指在本公司担任现职的时间。

(5)政治背景比例($Grate$)。指高层管理团队中有政治背景的人数与高层管理团队总人数之比。对于高管团队成员是否具有政治背景,本书参考巫景飞等(2009)的做法,通过对财务报告及互联网中高管是否在中央(省级、地方)政府工作过,是否当选

① 李健,陈传明.企业家政治关联、所有制与企业债务期限结构——基于转型经济制度背景的实证研究[J].金融研究,2013(3):157－169.

② Yang J,Lian J,Liu X. Political Connections,Bank Loans and Firm Value[J]. Nankai Business Review International,2012,3(4):376－397.

过中央(省级、地方)人大代表、政协委员,是否获得过中央(省级、地方)政府颁发的荣誉奖项进行认定。

变量定义表如表 3-11 所示。

表 3-11　变量定义表

变量类型	变量名称	变量代码	变量定义
被解释变量	资产负债率	DAB	负债总额/资产总额
	长期债务比	MAT	长期负债/负债总额
解释变量	年龄	Age	高层管理团队平均年龄
	学历	$Degree$	分为五类,分别赋值为 1、2、3、4、5
	专业背景	$Major$	所学专业是金融、会计或经济管理类,专业背景为 1,否则为 0
	任期	$Time$	在本公司担任现职的时间
	政治背景比例	$Grate$	高层管理团队中有政治背景的人所占比例
控制变量	终极控制权	UVR	各条控制链上投票权最小值的加总
	终极现金流量权	UCR	各个控制链上控股比例的乘积之和
	两权分离度	SR	$SR = UVR / UCR$
	控制链层级	$Layer$	所有控制链中最长控制链包含的层级数
	公司规模	$Size$	总资产的对数
	资产有形性	CVA	(存货+固定资产)/总资产
	年份	$Year$	虚拟变量,为该年份时取 1,否则取 0
	行业	IN	虚拟变量,为该行业时取 1,否则取 0

3.3.3　模型设计

根据假设 3.10、3.11、3.12、3.13、3.14,建立模型如下:

$$DAB = \beta_0 + \beta_1 Age + \beta_2 Degree + \beta_3 Magor + \beta_4 Time + \beta_5 Grate$$
$$+ \beta_6 UVR + \beta_7 UCR + \beta_8 SR + \beta_9 Layer + \beta_{10} Size$$
$$+ \beta_{11} UVA + \sum_{i=1}^{2} \beta_{i+11} Year_i + \sum_{i=1}^{11} \beta_{j+13} IN_J + \varepsilon \quad (3.12)$$

$$MAT = \beta_0 + \beta_1 Age + \beta_2 Degree + \beta_3 Magor + \beta_4 Time + \beta_5 Grate$$
$$+ \beta_6 UVR + \beta_7 UCR + \beta_8 SR + \beta_9 Layer + \beta_{10} Size$$
$$+ \beta_{11} CVA + \sum_{i=1}^{2} \beta_{i+11} Year_i + \sum_{i=1}^{11} \beta_{i+13} IN_j + \varepsilon$$

$$(3.13)$$

上述模型中,DAB、MAT 为被解释变量,这两个变量的作用、内涵与计算方法在 3.1 节中已详细介绍,这里不再重复。Age、$Degree$、$Major$、$Time$、$Grate$ 为解释变量,其中,Age 表示年龄,以高管团队平均年龄来描述,通过该变量系数的显著性、符号来检验假设 3.10:终极控制人高管团队的年龄均值与资产负债率负相关,与债务期限结构正相关;$Degree$ 表示学历,分为五类,并赋值如下:中专及以下=1、大专=2、本科=3、硕士=4、博士=5,通过该变量系数的显著性、符号来检验假设 3.11:终极控制人高管团队的学历与企业的债务融资比例和债务期限结构均正相关;$Major$ 表示专业背景,为虚拟变量,所学专业是金融等经济管理类,该变量为 1,否则为 0,通过该变量系数的显著性、符号来检验 3.12:终极控制人高管团队的专业背景若为非金融财务相关类,则相对厌恶债务融资,同时以长期债务融资方式为主;$Time$ 表示任期,采取在本公司担任现职的时间来计算,通过该变量系数的显著性、符号来检验假设 3.13:终极控制人高管团队任期与资产负债率负相关,与债务期限结构正相关;$Grate$ 表示政治背景比例,采取高层管理团队中有政治背景的人所占比例来计算,通过该变量系数的显著性、符号来检验假设 3.14:终极控制人高管团队的政治背景与企业的债务融资比例和债务期限结构均正相关。UVR、UCR、SR、$Layer$、$Size$、CVA、$Year$、IN 为控制变量,这些变量的作用、内涵与计算方法在 3.1 节中已详细介绍,这里不再重复。

3.3.4 实证检验与分析

1.解释变量描述性统计分析

从表 3-12 描述性统计分析发现,样本公司高管团队的年龄均值在 40～45 岁区间,最小值 30 岁,最大值将近 60 岁;学历均值为本科,大专较少,最高为博士;金融等经管相关专业高管占比为 20％左右;高管团队的平均任期均值约为 3 年;表现出政治背景的高层管理团队占 21.15％。通过此描述性统计,我们可以对高层管理团队进行初步了解。

表 3-12　解释变量描述性统计

变量	均值	最小值	最大值	标准差
Age	2.085	1.078	3.978	0.356
Degree	3.051	2	5	0.325
Major	0.22	0	1	0.398
Time	2.782	0	6.321	0.892
Grate	0.2115	0	0.45	0.0921

2.相关分析

表 3-13 是解释变量与被解释变量之间的相关系数表,经过分析相关系数发现,解释变量能够较好地解释被解释变量,变量间相关系数说明,其相关关系取得了与估计基本一致的结果。同时,我们可以从表 3-13 中得出各解释变量之间的相关系数均较小,均未超过 50％,可以作为回归分析的依据。

表 3-13　Pearson 相关分析

	DAB	MAT	Age	Degree	Major	Time	Grate
DAB	1.000						
MAT	.118 .000＊＊＊	1.000					
Age	−.267 .000＊＊＊	.351 .000＊＊＊	1.000				
Degree	.319 .000＊＊＊	.219 .000＊＊＊	.014 .483	1.000			
Major	.107 .000＊＊＊	.219 .000＊＊＊	.013 .514	.031 .120	1.000		
Time	−.378 .000＊＊＊	.312 .000＊＊＊	.036 .071＊	.032 .109	.026 .193	1.000	
Grate	.343 .000＊＊＊	.437 .000＊＊＊	.027 .176	.016 .422	.022 .270	.015 .452	1.000

注:表中第一行数字为相关系数,第二行数字为概率值;＊、＊＊和＊＊＊分别表示在 0.1、0.05 和 0.01 的水平上显著。

3.多元回归分析

表 3-14 是管理者背景特征与债务融资比例和债务期限结构的回归分析结果,从中可以看出,高层管理团队的年龄均值在 1％的水平上,和资产负债率呈显著负相关关系,与假设 3.10 一致,相关系数为−0.267;与期限水平呈正向相关,但取显著性水平 10％,变量间相关关系不显著。由此,我们可以得出,高层管理团队的年龄均值越大,更偏好运用谨慎的融资策略,对具有财务风险的债务融资使用较少,但长期负债资金现金流量表现为较高的的稳定性,年龄较大的高层管理团队可能愿意使用长期负债融资,但是这个研究假设未通过显著性检验;高层管理团队的学历教育程度和资产负债率在 10％的水平上表现出了显著正相关关系,与债务期限结构同样呈正相关关系,但取显著性水平 10％,变量间相关关系不显著。结论与假设 3.11 相符,说明高层管理团

队受教育的学历程度越高,越倾向于提高债务融资比例来进行融资,倾向于利用债务资金的"税盾效应"为企业创造利润。虽然检验结果能够证明高层管理团队的学历层次与债务期限结构具有正相关关系,但是并不具有显著性,这可能是对我国资本市场中长期债务资金手续复杂、成本较高、不容易获取的一个合理解释;当高层管理团队的专业背景为经管类相关专业时,其所采用的筹资途径与资产负债率呈正相关,与债务期限水平表现为正相关关系,但取显著性水平 10%,变量间相关关系不显著,因此不能充分验证假设 3.12;高层管理团队的任职时间与资产负债率在 1% 的水平上呈显著负相关,其相关系数为 -0.378,与债务期限结构相关的显著性水平 10%,变量间相关关系不显著,相关系数为 0.312,此结果充分验证假设 3.13,这说明高层管理团队成员的任期越长,其对风险的厌恶程度越高,越偏好稳定性决策,即会缩小债务融资比例,增长长期贷款金额;高层管理团队的政治关系与债务融资比例、债务期限结构在 1% 的水平上均呈现显著正相关关系,与假设 3.14 相一致,相关系数分别为 0.343 和 0.437,这充分说明了在企业负债筹资中,政治关系能够发挥重要的影响,拥有政治关系的高层管理团队更容易获得银行借款和长期借款,进一步说明了终极控制人高管团队政治关系对企业负债筹资的影响。本次检验中的控制变量与债务融资比例和债务期限结构的相关系数和显著性水平与前文基本一致,没有发生实质性变化,进一步证实了前文回归分析结果的稳健性。

表 3-14　回归结果分析

	Model 3.12			Model 3.13		
	Beta	*t*	*Sig*	*Beta*	*t*	*Sig*
(*Constant*)		-8.325	0.000		-8.945	0.000
Age	-0.315	-7.625	0.005	0.361	7.831	0.103
Degree	0.378	8.523	0.086	0.287	7.643	0.116
Major	0.263	6.527	0.187	0.297	6.927	0.152

续表

	Model 3.12			Model 3.13		
	Beta	*t*	*Sig*	*Beta*	*t*	*Sig*
Time	−0.356	−8.251	0.001	0.371	8.652	0.071
Grate	0.356	7.412	0.000	0.431	8.013	0.005
UVR	−0.282	−5.092	0.008	−0.325	−6.321	0.131
UCR	−0.379	−4.835	0.036	0.247	5.122	0.081
SR	0.719	9.176	0.125	−0.652	−8.371	0.006
Layer	0.653	4.752	0.079	−0.563	−6.032	0.072
Size	0.282	10.012	0.000	0.272	9.873	0.000
CVA	0.867	8.152	0.075	0.873	8.332	0.082
Year	控制			控制		
IN	控制			控制		
F 值	63.022			61.028		
调整系数 R^2	0.375			0.392		
DW 统计值	1.825			1.798		
WT 统计值	116.16			99.88		

3.4 本章结论

本书以2011—2013年沪深A股上市公司面板数据为样本，对终极控制权下的不同特征对企业债务融资的决定和影响进行了分析，结果发现：

（1）终极控制人控制特征对负债融资决策的影响。终极控制权与债务融资比例在1%的水平上显著负相关，与债务期限水平负相关，但并不显著。这说明终极控制权越大，终极控制人的控股地位越牢固，其越倾向于采用股权融资方式。同时，终极控制权的大小，并不能对管理者形成有效监督，债权人的代理成本并没有显著减少,所以终极控制权与债务期限结构的负相关关系并不显著。

终极现金流权与债务融资比例在 5％ 的水平上显著负相关,与债务期限结构在 10％ 的水平上显著正相关。这说明终极现金流权越小,终极控制人承担负债融资损失的风险越小,越有动机通过金字塔结构采取债务融资方式为自己谋取私利,由于债权人能够洞察到终极控制股东的这种攫取利益的动机,为了自身资金安全,债权人更愿意提供短期负债资金,以加强对终极控制人的监督。

两权分离度与债务融资比例表现为倒 U 形关系,与债务期限水平在 1％ 显著性水平上,表现出显著负相关。这说明两权分离度对资产负债率的影响存在一个区间,随着两权分离的扩大,终极控制人通过负债资金的筹集为自己攫取利益的倾向越明显,但是,当两权分离度扩大到一定程度以后,终极控制人单纯地为自己谋取利益的行为并不能变为现实,其债务融资的比例要受到债权人的约束。同时,两权分离度的扩大,会向债权人发出危险信号,债权人为了控制贷款风险,愿意提供短期负债资金。

控制链层级与债务融资比例在取显著性水平为 10％ 时,表现出了变量间显著性正相关关系,然而,与债务期限结构在 10％ 的水平上,相关关系显著为负。这说明,控制链层级越多,终极控制人越有动机通过债务融资为自己谋利,同时,债权人对终极控制人的监督越严格,会通过提供短期债务加强对终极控制人的监督。

股权制衡度与债务融资比例和债务期限水平的关系呈正相关,但都不具有显著性。这说明股权制衡度对债务融资的影响还不够显著,股权制衡度的提高在一定程度上抑制了终极控股股东的绝对控股地位,降低了债权人的监督成本,愿意向企业提供长期债务,但是可能由于受其他方面的影响,本书的检验结果并不显著。

(2)终极控制人所有权类型对企业债务融资的影响。本书通过国有控股和民营控股、政府直接控股和间接控股、中央政府控股和地方政府控股三个方面重点检验了终极控制人所有权类型对企业负债筹资决策的影响,结果发现,政府对企业债务融资的参与程度越大,企业的债务资金使用和债务期限水平变量越大。国有控股公司相比民营控股的公司来说,其债务融资比例和债务期限结构变量值更大,政府直接控股的公司相比政府间接控股的公司来说,其负债规模越大,长期债务资金的使用更多,中央政府控股的公司自身实力雄厚,一般不需要采取负债融资方式。而地方政府对银行贷款的干预程度比较强烈,为了提高财政收入和自身业绩,往往影响银行,使其向当地企业供给长期负债资金。

(3)终极控制人背景等异质性特征与企业债务融资决策的关系。终极控制人高层管理团队的年龄均值与债务资金规模显著负相关,与债务期限水平正相关,但相关关系并不显著;学历教育程度与债务融资规模显著正相关,与债务期限水平正相关,但相关关系并不显著;专业背景与债务资金规模和债务期限水平正相关,但相关关系都不显著;任职时间与债务资金规模显著负相关,与债务期限水平显著正相关;政治关系与债务资金规模和债务期限水平均显著正相关。

由以上结论,本书认为:第一,通过提高负债融资比例,终极控制人不仅可以获得财务杠杆利益,还可以降低由于权益资金融资带来的控制权稀释的风险,为获取控制权私有收益提供关键保障。加之我国对中小投资者及债权人保障及破产法律的不完善,通过负债融资进一步强化其控制权就成为终极控制人的必然选择。控制权比例越小,现金流权比例越低,债务资金的安排越多,但由于二者的偏离使得终极控制人相比中小投资者和债权人而言承担更小的风险。第二,终极控制人所有权类型对企业债务资金的安排产生了较大的影响。具有政府背景的企业,债务资金使用较多,同时债务的期限结构也较长。但央企由于其相对的垄断地位,现金流充足,负债资金的使用相对较少。解决地方控股上市公司长期债务融资偏好,降低财务风险,需要加快地方控股上市公司的产权改革步伐,减少地方政府对上市公司的行政干预,强化上市公司的对立性。第三,终极控制人背景的异质性特征同样能够对企业债务资金安排产生影响。其中,政治关系对债务规模及期限结构的影响最为显著,这与我国国有企业股权结构的演进高度相关,具有特定的历史背景。因此,根据以上分析及本书2.3节的理论分析,在普遍存在金字塔股权结构的我国上市公司中,应充分发挥终极控制人的"支持效应",降低其"侵占效应",可以从完善企业内部监督机制入手,提高中小股东决策的参与程度,强化独立董事及监事会的监督机制,从而发挥终极控制人的正向效应;同时,还需要强化外部监督,加强对投资者(包含中小股东及债权人)的保护,加强对终极控制人决策的约束,进一步强化对终极控制人道德的披露,完善破产机制关联交易的相关法律法规;并且还应逐步完善控制权市场、加快银行的商业改革和债券市场的发展,从而从市场角度强化对终极控制人的激励和约束,保护中小投资者及债权人的合法权益,降低终极控制人的利益侵占行为。相关的政策建议将在第 6 章进行详细论述。

第4章 终极控制人与公司绩效关系研究

4.1 引言

相关文献研究表明,在现代公司治理结构中,终极控股股东的控制权与现金流权分离十分普遍。Shleifer 和 Vishny(1997)、La Porta(1999)等一系列的研究认为,一个或多个大股东存在于大多数国家的公司中,尤其以发展中国家及新兴市场国家的公司为甚,并且终极控制人通过金字塔、交叉持股等方式控制这些大股东。终极控制人与中小投资者之间的代理问题是代理问题的主要问题,而非管理者与外部股东之间的代理问题①②。La Porta(1999)、Claesesns、Djankov 和 Lang(2000)等进一步的分析发现,最终控制人与控股股东的最明显区别在于控制权和现金流权的分离,终极控制人利用金字塔结构隧道效应挖掘超额私有收益进一步致使公司绩效下降的现象也频频发生③。投票表决权与现金流权之间的分离,使得最终控制人能够通过控制控股股东来转移底层上市公司的资源,具体方式为高额的管理者报酬、担保贷款、

---

① Shleifer A,Vishny R W. A Survey of Corporate Governance[J]. The Journal of Finance,1997,52(2): 737−783.

② La Porta R, Lopez-de-Silanes F, Shleifer A, et al. The Quality of Government [J]. Journal of Law, Economics, and Organization, 1999, 15(1): 222−279.

③ Claessens S, Djankov S, Lang L H P. The Separation of Ownership and Control in East Asian Corporations[J]. Journal of Financial Economics,2000,58(1): 81−112.

关联交易、股权稀释等,形成了最终控制人盘剥中小股东利益的"掏空"(Tunneling)行为。存在金字塔结构的国家大都缺乏足够的法律来保障中小股东的产权利益(Eggertsson,1990),因此出现的结果是最终控制人表决权大于实际出资份额,获得了公司的所有决策权,这种超额控制权影响了公司的绩效①。

  国内学者从直接所有权结构入手,研究了公司绩效和股权结构关系,重点分析了大股东的持股比例及性质与公司业绩之间的关系。徐晓东、陈小悦(2003)研究了终极控制人与公司治理、公司业绩之间的关系②;曾昭灶、李善民(2008)研究了大股东控制、私有收益与公司绩效③。从大股东角度来研究没有抓住问题的实质,研究具有较大的局限性,由此导致了不一致的研究结论。其研究存在的问题是大股东和终极控制人并不相同,终极控制人能够控制大股东,因此,公司各项资源拥有者是终极控股股东(王化成等,2007)④。国内运用终极控制权视角对所有权结构与公司绩效之间关系的研究始于刘芍佳等(2003),之后,苏启林和朱文(2003)⑤、夏立军和方轶强(2005)⑥、胡一帆等(2006)⑦、曹廷求等

---

① Eggertsson T. Economic Behavior and Institutions:Principles of Neoinstitutional Economics[M]. Cambridge University Press,1990.

② 徐晓东,陈小悦.第一大股东对公司治理、企业业绩的影响分析[J].经济研究,2003,2(10).

③ 曾昭灶,李善民.大股东控制、私有收益与公司绩效[J].山西财经大学学报,2008,5:77—83.

④ 王化成,李春玲,卢闯.控股股东对上市公司现金股利政策影响的实证研究[J].管理世界,2007(1):122—127.

⑤ 苏启林,朱文.上市公司家族控制与企业价值[J].经济研究,2003,8:36—45.

⑥ 夏立军,方轶强.政府控制、治理环境与公司价值[J].经济研究,2005,5:40—51.

⑦ 胡一帆,宋敏,张俊喜.中国国有企业民营化绩效研究[J].经济研究,2006,7:49—60.

(2007)[①]、毛世平和吴敬学(2008)[②]、王鹏(2008)[③]等人分别从公司治理的内外部环境、金字塔结构和投资者保护等不同的角度研究了各替代变量与公司绩效之间的关系。无论是国外还是国内，对于终极控制权与公司绩效关系的研究是近十多年来公司治理领域的热点问题之一。

综上所述，国内学者关于终极控股股东与公司绩效之间关系的研究开始比较晚，虽然已经取得了一定的成果，但主要从直接所有权结构进行分析，直接所有权结构分析的是公司的第一层面股东，即直接股东。与分散股权结构相比，终极控制人大多运用终极控制权结构，利用金字塔股权结构、交叉持股等控制方式间接控制公司。本书采用查找上市公司控制性股东的思路，分析终极控制权人及其对公司绩效的影响。从集中股权结构出发，实证分析了隐藏在金字塔结构下实际控制人所有权、控制权及两权分离等对公司绩效的作用机制，并针对实证结果进行理论分析。

4.2　理论分析与研究假设

控制权是对公司重大决策具有实际的决定能力，即投票权。通常情况下，公司各项经营、投资及筹资决策的控制权应该与股东通过投资所享有的现金流权相一致，终极控制人采用集中股权结构成为控制权的主体，通过转移定价、投资等不同方式获得的控制权超过其现金流权，因此，终极控股股东具有较强的获得控制权私有收益的目的和能力，这是对中小投资者和债权人权益的侵害。控制权收益可以分为终极控制人或者管理层享有的私有

---

　　① 曹廷求，杨秀丽，孙宇光.股权结构与公司绩效：度量方法和内生性[J].经济研究，2007，42(10)：126－137.

　　② 毛世平，吴敬学.金字塔结构与控制权和所有权——基于涉农上市公司的经验证据[J].农业技术经济，2008(3)：81－88.

　　③ 王鹏.投资者保护、代理成本与公司绩效[J].经济研究，2008，2：68－82.

收益和所有股东共享的收益。控制权私有收益是指终极控制人利用超额投票权,在其控制的公司间转移上市公司资源、长期占有底层公司优质资产等方式转移上市公司的财产和收益,侵占其他投资者利益,实现自身收益最大化。因此,控制权私有收益具有排他性和私利性的特点;控制权共享收益是针对全体股东而言的,所有股东按各自投资份额享有公司分配股利等收益权利。

在分散股权结构下,股权制衡度比较高,此时终极控制人的控制权较小,其他大股东能够与控股股东形成权力的制衡,有效抑制了终极控制人的挖掘行为。此时,终极控制人与外部中小投资者的利益趋同,终极控制人也没有足够能力实施利益挖掘行为,但终极控制人会加强对管理层的激励和约束,为企业发展献计献策,这样有效地降低了代理成本,有助于公司价值的提升。但是当控股股东的投票权较大时,终极控制人通过超额控制权侵占和转移公司收益及资源的能力增强,为了增加自己的私利,终极控制人通常实施隧道挖掘行为,牺牲中小投资者的利益,即产生"隧道挖掘"效应,最终导致公司价值的下降。Christina(2005)、许永斌等(2008)分别以香港家族控制企业和大陆自然人及家族控制企业为例,通过构建模型研究了投票权对公司财务成果的影响,也得到了相同的研究结论[1][2]。周颖等(2013)以我国民营上市公司为例的研究发现,控制权具有较强的"侵占效应"[3]。因此,提出如下假设。

假设 4.1:终极控制人的控制权与公司绩效呈倒"U"形关系,也就是说公司绩效随着控制权的增加而先上升后下降。

集中的股权结构是终极控制人对中小股东进行利益侵占行

---

[1]　Christina Y. M. NG. An Empirical Study on the Relationship between Ownership and Performance in a Family-Based Corporate Environment[J]. Journal of Accounting Auditing & Finance,2005,1:121−145.

[2]　许永斌,郑金芳. 中国民营上市公司家族控制权特征与公司绩效实证研究[J]. 会计研究,2008(11):50−57.

[3]　周颖,李丽,徐继伟. 控制权、现金流权与侵占效应——基于中国民营上市公司的实证研究[J]. 大连理工大学学报(社会科学版),2013(1).

为的必要条件。如果终极控制人的两权偏离程度较小时,终极控制人没有强烈的欲望来侵占企业价值(Bozec and Laurin,2008)[①]。Jensen 和 Meckling(1976)对所有权份额与公司业绩的关系的研究认为,当终极控股股东持有较大份额所有权时,其具有较强的动机收集信息和对管理层实施有效的监督,或者采取一些提高公司绩效的措施。因此,有助于降低现代企业中普遍存在的委托代理问题,也就是分散股权结构中的所有者和经营者的矛盾和冲突,从而有助于公司绩效的提升[②]。现金流权代表了终极控制人投入底层公司的资金数量多少,终极控制人各种行为要受到现金流权的影响,终极控制人利益与公司利益十分密切,各种不当行为也会对自身利益产生影响,因此更加认真进行决策。因此从管理与监督两个方面来看,终极控制人的决策行为是为了提高公司绩效,也就是说终极控股股东与中小投资者的利益相一致。

Shleifer 和 Vishny(1997)研究了集中股权结构下的代理成本与收益,认为控股股东有强烈的意向监管管理层使用增加收益的决策行为,这种行为有助于降低投资人与管理层之间的矛盾,从而有助于公司绩效的提升;此时,终极控制人也有强烈的动机侵占中小股东权益,实施"隧道挖掘"行为,从而造成公司绩效的下降。若现金流权比例越大,表明终极控股股东侵占中小投资者的利益,损害公司绩效的代价越大,会得不偿失,比较多的所有权将会产生比较少的掠夺,终极控制人在攫取中小股东利益的同时也会降低整个上市公司的绩效,从而对自身的所有权收益造成损

---

① Bozec Y,Laurin C. Large Shareholder Entrenchment and Performance:Empirical Evidence from Canada[J]. Journal of Business Finance & Accounting,2008,35(1-2):25-49.

② Jensen ,Meckling . Theory of the Firm:Managerial Behavior[J]. Agency Costs and Ownership Structure,Journal of Financial Economics,1976,3(4):305-360.

害①。终极控制人的所有权反映了它与公司利益的相符程度,此种效应被称为"激励效应"。周颖等(2013)以我国民营上市公司为例的研究发现,现金流权具有较强的"支撑效应"。上文理论基础中提到的 LLSV(2002)模型验证了这种"激励效应"的存在。因此,提出如下假设。

假设 4.2:终极控制人的现金流权和公司绩效之间呈正相关关系。终极控制人的现金流量权越大,其对中小股东侵害越小,公司绩效越高。

根据上文文献综述的分析,终极控股股东利用交叉持股、金字塔持股以及控股公司控股等多种方法来增加其对公众公司的投票权,造成控制权与现金流权的分离(La-porta,1999;Claessens,2000),这种两权分离形成了终极控制人利益"侵占"的诱因②③。较大的控制权致使终极控制人有动机及能力去实施挖掘行为,侵占其他中小投资者的收益,降低公司的价值,并且较少的所有权使其侵占行为所产生的成本进一步下降(Yeh,2005)④。投票权与所有权的分离是终极控制人与中小投资者利益不一致而产生利益冲突的重要原因,两者的分离度与公司绩效负相关,偏离程度越大,对公司绩效影响程度越强烈,"堑壕效应"越明显。Claessens 等(2002)采用实证方法对东亚公司的财务数据进行分析,发现公司绩效与终极控制人所有权呈正相关的同时,两权分离的程度越高越会拉低绩效水平。验证了终极控制人的"激励效

① Shleifer A, Vishny R W. A Survey of Corporate Governance[J]. The Journal of Finance, 1997, 52(2): 737−783.

② La Porta R, Lopez-de-Silanes F, Shleifer A, et al. The Quality of Government [J]. Journal of Law, Economics, and Organization, 1999, 15(1): 222−279.

③ Claessens S, Djankov S, Lang L H P. The Separation of Ownership and Control in East Asian Corporations[J]. Journal of Financial Economics, 2000, 58(1): 81−112.

④ Yeh, Y. H. Do Controlling Shareholders Enhance Corporate Value? [J]. Control Govermance, 2005, 13(2): 313−325.

应"和"堑壕效应"是同时存在的[①]。Faccio 等(2001)对东亚和西欧 14 个国家和地区上市公司的研究也得出了类似的结论[②]。Lins(2013)的分析也得出了类似的研究成果,公司绩效会在投票权高于所有权时,呈下降趋势[③]。同样,Marchica 等(2005)在对非金融性质的上市公司的样本中,也得出投票权与所有权的分离状态与绩效存在负相关关系[④]。更进一步,李善民等(2006)发现,两权偏离度越大,公司绩效越低,债权人损失越多[⑤]。辛金国等(2014)以我国集中股权结构家族上市公司 2008—2010 年的数据为样本,对其两权分离程度等因素和公司绩效的关系进行分析,结果表明两权分离度与企业绩效负相关[⑥]。乐毕君等(2014)、房林林(2015)认为无论是国有还是民营上市公司终极控制人都会通过两权分离的安排获取控制权私利,两权分离与企业绩效表现为负的相关关系[⑦⑧]。因此,提出如下假设:

假设 4.3:终极控股人的控制权与现金流权之间的分离程度与公司绩效负相关,偏离度越强,公司绩效受损越大。

在中国,大多数上市公司都是经过国有企业改革而形成的,

---

① Claessens S, Djankov S, Fan J P H, et al. Disentangling the Incentive and Entrenchment Effects of Large Shareholdings[J]. The Journal of Finance, 2002, 57(6): 2741−2771.

② Faccio M, Lang L H P, Young L. Dividends and Expropriation[J]. American Economic Review, 2001: 54−78.

③ Lins K V. Equity Ownership and Firm V8alue in Emerging Markets[J]. Journal of Financial and Quantitative Analysis, 2013, 38(01): 159−184.

④ Marchica M T, Mura R. Direct and Ultimate Ownership Structures in the UK: An Intertemporal Perspective over the Last Decade[J]. Corporate Governance: An International Review, 2005, 13(1): 26−45.

⑤ 李善民,朱滔.多元化并购能给股东创造价值吗?[J].管理世界,2006,3:129−131.

⑥ 辛金国,韩秀春.上市方式、股权结构与企业绩效的实证研究——基于上市家族企业数据的分析[J].技术经济与管理研究,2014,(01):86−90.

⑦ 乐毕君,辛金国.上市家族企业所有权结构与绩效:基于双重委托代理理论的分析[J].生产力研究,2014(7):18−21.

⑧ 房林林.生命周期视角下终极控制人两权特征的演变——基于制造业上市公司的实证检验[J].山东社会科学,2015(5):139−143.

直接或间接地被政府控制着。目前,纵观国内已有的对终极控制人的研究文献,均按照终极控股股东的所有权属性将上市公司分为两种类型:国有上市公司与非国有上市公司。据此,本书也采取了相同的分类。由于终极控制人存在所有权属性的区别,使得其实施利益侵占的动机和目的有着显著的不同。而对于所有权属性不同的终极控制人来讲,在其他条件相同的情况下,他们实施利益侵占的成本不应该存在显著差别,但是股东的不同性质对控制权私利有着显著影响。如家族控制的上市公司在融资过程中会面临各种融资条件约束,家族终极控制人实施利益侵占行为,攫取同等的私利,相比政府而言可以获得更多的资源和利益。非国有企业作为上市公司的终极控股股东时,相对于政府而言非国有企业的资金较少,多经收购其他公司股权,并且大多采用金字塔控股结构对上市公司实现相对控股。因此,致使导致民营控股上市公司的控制权和现金流权的分离程度更大,攫取下层上市公司利益的意图更加强烈,这种现象在缺乏投资者保护法律的国家表现得更加显著。傅建源(2013)的实证分析认为,两权分离与企业价值呈负相关关系,并且非国有企业对于此因素的影响更加敏感[①]。而作为人民群众利益受托者的国有控股上市公司终极控制人,也存在获取公众收益的愿望,相比民营控股上市公司而言,其非法占有中小投资者利益的可能性较小。因此,提出以下假设。

假设 4.4:终极控制股人具有不同性质,两权分离的程度也就不同,导致对公司绩效的消极影响程度不同。具体来说,民营控股上市公司两权分离度对公司绩效的负面影响更加显著。

[①]　傅建源.终极控制人所有权特征与企业价值的关系研究——基于沪深 A 股 2010—2011 年度的实证研究[J].时代金融,2013,32:118.

4.3 研究设计

4.3.1 变量设计

1.被解释变量

公司绩效(Corporate Performance,CP),指作为契约集合的公司在特定期间的经营成果,是公司盈利能力和效果的具体表现,包括经营的所有成果。科学合理地选取公司绩效指标是研究公司治理问题必须面对的难题。公司治理中存在不同利益相关者,如股东、债权人等,他们从不同角度认识和理解公司绩效,有的关注于公司盈利能力,有的关注于偿债能力,由于关注点的差异,他们对公司绩效的度量标准也有明显的不同。具体来说,学术界在实证分析中常用的考察公司绩效的标准分为三类:第一类是以 Tobin-Q 值、市值与账面价值之比(Market-to-book Ratio)和公司股票的年收益率等指标为代表的来自资本市场公司股价的价值指标;第二类以净资产收益率(ROE)、应收账款周转率、每股经营性现金流量和经营性现金流量/净利润等为代表的来自公司财务报告(资产负债表、利润表和现金流量表)的财务指标;第三类用经济增加值(Economic Value Added,简称 EVA)计算的公司价值,即税后利润扣除债务成本及股权成本后的余额。在我国现有的市场条件下,以上三类绩效各有优劣。国外的证券市场已经成熟规范,价值指标能够作为一种真实数据来体现投资者获得的投资回报,但前提要求资本市场的有效性(Market Efficiency)。而我国股市还处在初级阶段,与国外规范的成熟的资本市场差距还很大,公司绩效和股票价格不一致的情况很普遍。经济附加值(EVA)是综合性比较强的业绩指标,但是其获知成本高,并且不便计算,同时我国证券市场短期投机获利行为严重,不成熟的证券市场容易导致股价表现数据失真。以上分析表明,衡量公司绩效比较好的方法可以用会计指标。由于上市公司的财务事项会对外公布,所以,比较方便获取其财务指标,能较客观及有效地评价公司业绩。相关实证研究公司绩效的文献中,国内学者广泛采用净资产收益率(ROE)和总资产报酬率(ROA)来反应上市公司的财务指标。

ROE 是一个综合性、系统性和全面性的指标,是公司当年净利润与平均净资产之比,以销售净利率、总资产周转率和权益乘数为二级指标对企业的获利能力、资产运营效率和清偿债务能力进行分析,可以整体了解企业内部各项财务指标的数据,分析导致净资产收益率产生问题的原因,从销售、成本及资本结构等因素着手,提高公司绩效。ROE 表示持股人权益的投资回报率,ROE 越高,说明由于投资而获得的收益越高;否则反之。ROE 是对公司盈利能力、资产管理效率和资本结构的综合反应,相对于销售净利率、资产净利率等收益能力指标具有更强的代表性。因此,本书考量公司绩效的指标是净资产收益率。

2. 解释变量

为了验证上述分析所得到的研究假设以及相关研究文献的研究成果,本书共设置四个解释变量,具体指的是终极控制权、终极现金流权、两权分离度、终极控制人性质。有关各个解释变量的内涵与计算方法在第 3 章已经介绍,在这里不再重复。

3. 控制变量

通过研究相关文献,本书选取如下控制变量进行实证分析。
(1)公司的规模。公司业绩受到公司规模的影响(Bozec and

Laurin,2008),取公司期末总资产的自然对数表示公司规模①。

（2）成长能力。高成长的公司业绩优良，低成长的公司业绩萎缩，我们用主营业务增长率作为成长性对上市公司绩效的影响（王鹏、周黎安，2006）②。

（3）年份。公司业绩存在年度差异，我们选取的样本为2011—2013年三年，为考察年度的影响，以2011年度为基准年度，设置一个年度虚拟变量。

（4）行业。不同公司所处的行业差别较大，公司绩效受行业差异的影响较大（Yeh,2005）[185]。《上市公司行业分类指引》中将上市公司进行了分类，划分为13个不同的行业。金融行业相比其他行业而言非常特殊，本样本中将金融行业做了剔除，因此共设置11个行业虚拟变量，来考察行业对业绩的影响。

表4-1　变量定义表

变量类型	变量名称	变量代码	变量定义
被解释变量	净资产收益率	ROE	净利润/平均净资产
解释变量	终极控制权	UVR	各个控制链上投票权最小值的加总
	终极现金流量权	UCR	各个控制链上控股比例的乘积之和
	两权分离度	SR	$SR = UVR / UCR$
	终极控制人性质	CH	国家控股时,$CH=1$;民营控股 $CH=0$
控制变量	公司规模	$Size$	总资产的对数
	成长能力	$Growth$	（主营业务收入－上年主营业务收入）/上年主营业务收入
	年份	$Year$	虚拟变量,为该年份时取1,否则取0
	行业	IN	虚拟变量,为该行业时取1,否则取0

---

① Bozec Y,Laurin C. Large Shareholder Entrenchment and Performance：Empirical Evidence From Canada[J]. Journal of Business Finance & Accounting,2008,35(1—2):25—49.

② 王鹏,周黎安.控股股东的控制权、所有权与公司绩效:基于中国上市公司的证据[J].金融研究,2006 (2):88—98.

4.3.2　样本与数据来源

本章与第 3 章采用了相同的处理，以 2011—2013 年我国沪深 A 股上市公司面板数据作为研究对象，并依据以下选择进行筛选。

(1)剔除终极控制人资料不全的公司。

(2)剔除金融保险类公司。因为金融类公司的财务特征与其他行业存在较大差异，所以本书的研究不包括金融保险业的上市公司。

(3)剔除 ST 公司及在这三年中退市的公司。

(4)剔除终极控制权小于 10% 的上市公司，并且终极控制人未发生变化。在实证研究中，学者多将有效控制权标准设定为 10%，因为终极控制人一般通过一定的控制权才能实现对上市公司的控制。

(5)剔除数据异常(资产负债率和长期债务比小于 0 大于 100%)的公司。

(6)为保持面板的平衡性，剔除缺失资料的公司。

此外，为确保分析结果的准确、可靠，本章在利用 2011—2013 年我国沪深 A 股上市公司面板数据进行多元回归分析的基础上，又采用 2008—2010 年我国 A 股上市公司面板数据对设计的模型再次进行回归，以确保多元回归分析结果的稳健性。据此思想，为保证稳健性检验的可靠性、两次估计结果的可比性，在第 3 章确定的样本公司基础上，剔除了 2008 年以来新上市的公司，经过筛选共得到 786 家样本公司(其中国有上市公司 594 家，民营上市公司 192 家)，3 年共 2358 个样本，形成了时间长度为 3，截面个数为 786 的平行面板数据。

4.3.3　研究模型设计

根据本章相关假设及变量的定义，研究模型设计为：

$$ROE = \beta_0 + \beta_1 UVR + \beta_2 UVR^2 + \beta_3 Size + \beta_4 Growth$$
$$+ \sum_{i=1}^{2} \beta_{i+4} Year + \sum_{i=1}^{11} \beta_{J+6} IN_j + \varepsilon \quad (4.1)$$

$$ROE = \beta_0 + \beta_1 UCR + \beta_2 Size + \beta_3 Growth + \sum_{i=1}^{2} \beta_{i+3} Year_i$$
$$+ \sum_{i=1}^{11} \beta_{j+5} IN_j + \varepsilon \quad (4.2)$$

$$ROE = \beta_0 + \beta_1 SR + \beta_2 (CH \times SR) + \beta_3 Size + \beta_4 Growth$$
$$+ \sum_{i=1}^{2} \beta_{i+4} Year + \sum_{i=1}^{11} \beta_{j+6} IN_j + \varepsilon \quad (4.3)$$

上述模型中 ROE 为被解释变量,表示净资产收益率(权益净利率),用来描述公司绩效,采取当年税后利润与平均净资产之比来计算;UVR、UCR、SR、CH 为解释变量,这些变量的内涵与计算方法在 3.1 节、3.2 节中已详细介绍,这里不再重复,通过对模型 4.1 中 UVR 及其二次项系数估计值的显著性、符号、大小来检验假设 4.1:终极控制人的控制权与公司绩效表现为倒"U"形关系,公司绩效随着控制权的增加而先上升后下降;通过对模型 4.2 中 UCR 系数估计值的显著性、符号、大小来检验假设 4.2:现金流权和公司绩效之间正相关,现金流权可以抑制控制人的"堑壕效应",终极控制人的现金流量权越大,其对中小股东侵害越小,公司绩效越高;通过对模型 4.3 中 SR 系数估计值的显著性、符号、大小来检验假设 4.3:终极控制人投票权与所有权的分离负向影响公司绩效,偏离程度与损害程度正相关;通过对模型 4.3 中 $CH * SR$ 的系数估计值的显著性、符号来检验假设 4.4:不同性质的终极控制人,其两权偏离程度负面影响公司绩效的程度有差异。$Size$、$Growth$、$Year$、IN 为控制变量,其中 $Size$、$Year$、IN 三个变量的作用、内涵与计算方法在 3.1 节中已详细介绍,这里不再重复,$Growth$ 表示成长能力,成长能力用主营业务收入与上年主营业务收入之差除以上年主营业务收入来表示。

4.4　实证检验与分析

4.4.1　描述性统计分析

样本主要变量的描述性统计见表 4-2。

表 4-2　主要变量的描述性统计

变量	最小值	最大值	均值	标准差
净资产收益率	−0.11	0.60	0.1029	0.0711
终极控制权	0.10	0.90	0.5396	0.1473
终极现金流量权	0.01	0.82	0.3598	0.1799
两权分离度	1.00	14.18	1.5002	1.1496
公司规模	18.20	24.42	21.1124	0.9701
成长能力	−0.50	1.96	0.1201	0.3192

从表 4-2 中可以看出:①从净资产收益率这一指标来看,净资产收益率均值是 0.1029,其值分布在 −0.11～0.60,标准差为 0.0711,表明上市公司之间业绩的差异较大,总体来看,盈利能力有待提高;②上市公司终极现金流权均值为 36.98％,控制权均值为 53.96％,说明终极控制人平均用 36.98％的所有权获得了公司 53.96％的表决权,控制权与现金流权的平均偏差是 16.98％(高于西欧国家的平均偏差(3.84％)和东亚国家的平均偏差(4.07％)以及我国 2002—2006 年度的偏差 11.38％)(杨淑娥、苏坤,2009);③我国上市公司两权分离度最小值为 1,此时两权没有发生分离,相当于实际控股者直接控制上市公司,两权偏离程度最大值为 14.18,均值为 1.5,表明两权分离状况在我国沪深两市上市公司比较严重;④金字塔结构下上市公司资产规模普遍较大,上市公司规模均值为 21.11,最大值为 24.42,最小值为 18.20,标

准差为 0.97;⑤成长性方面,有的公司呈现较快的增长趋势,有一些却出现了下降趋势,差异性较大。

4.4.2 相关分析

表 4-3 各变量 Pearson 相关系数

变量	*ROE*	*UVR*	*UCR*	*SR*	*Size*	*Growth*
ROE	1.000					
UVR	.359 .000＊＊＊	1.000				
UCR	.415 .000＊＊＊	.021 .269	1.000			
SR	−.336 .000＊＊＊	.034 .114	−.012 .506	1.000		
Size	−.349 .000＊＊＊	.016 .425	−.003 .889	.028 .139	1.000	
Growth	.416 .000＊＊＊	.014 .408	.031 .0169	.002 .892	.037 .056＊	1.000

注:括号内数据上面是相关系数,下面是概率值;＊、＊＊和＊＊＊分别表示在0.1、0.05 和 0.01 的水平上显著。

表 4-3 是各变量之间的相关系数表,终极控股股东的所有权、投票权与所有权的分离度对公司绩效的影响与研究假设基本一致,终极现金流量权与净资产收益率具有正的相关系数,即终极控制人现金流权越高,现金流权的"激励效应"越明显,公司绩效越好;两权偏离度与权益净利率相关系数为负,说明了终极控制人对中小投资者利益的侵占,证实了最终控制人对公司具有"堑壕效应"。其他控制变量与净资产收益率的相关系数与预期的也基本相同,成长能力与权益净利率的相关系数为正,说明高成长的公司业绩优良,低成长的公司业绩萎缩;而公司规模与净资产收益率具有负的相关系数,表明公司规模所具有的增效作用没有

发挥出来,没有能够提升公司的价值。终极控制人的性质与公司绩效的关系有待通过回归分析进一步验证。同时,各解释变量之间的相关系数均较小,均未超过 50%,表明解释变量之间没有多重共线性问题,能够用来解释被解释变量。

4.4.3 多元回归分析

表 4-4 是各个变量对权益净利率的回归分析结果,两个表格中调整系数 R^2 基本上在 40% 以上,说明模型的拟合度较好,可以表明解释变量对被解释变量的影响;DW 统计值接近于 2,说明各模型不存在自相关问题;各模型怀特(White)检验统计量 WT 的值均小于临界值(5% 显著性水平下),说明各模型不存在异方差。

表 4-4 各变量对净资产收益率的回归分析结果

	Model 4.1	Model 4.2	Model 4.3
(Constant)	0.541 * * * (5.986)	0.464 * * * (5.216)	0.592 * * * (7.916)
UVR	0.148 * * * (−4.294)		
UVR^2	−0.309 * * * (−7.006)		
UCR		0.249 * * * (6.994)	
SR			−0.072 * * * (−4.619)
CH * SR			0.028 * * * (5.596)
Size	−0.019 * * * (−5.673)	−0.022 * * * (−6.569)	−0.018 * * * (−5.374)
Growth	0.179 * * * (5.243)	0.181 * * * (5.302)	0.195 * * * (5.712)
Year	控制	控制	控制

续表

	Model 4.1	Model 4.2	Model 4.3
IN	控制	控制	控制
F 值	116.223 * * *	105.960 * * *	110.246 * * *
调整系数 R^2	0.428	0.406	0.418
DW 统计值	1.912	1.906	1.883
WT 统计值	47.962	40.632	48.337

注：*、* *和 * * *分别表示在 0.1、0.05 和 0.01 的水平上显著。

1.终极控制人的控制权与公司绩效之间的关系

根据模型 4.1 的回归分析结果,我们发现 UVR 系数为正 (0.148),并且在 1‰ 的显著性水平下依然显著,UVR 二次方系数为负(−0.309),并且在 1‰ 水平下依然显著,表明投票权与公司绩效之间的关系满足二次非线性倒 U 形关系,此结论与假设 4.1 相符。证明了当终极控制人控制权比较弱时,其侵占中小投资者利益,攫取公司资源的能力就比较弱,从而终极控股股东有意愿积极参与管理公司,积极监督公司管理层,以使其做出有助于公司业绩提升的明智决策;随着终极控股股东的控制权的增加,侵占能力增加,将倾向侵占公司、中小控股股东的利益来增加自己的私利,影响公司绩效的提升。

在控制变量中,成长能力与权益净利率显著正相关,成长能力越好,公司的发展势头越好,越有利于公司绩效的增加;而公司规模与净资产收益率呈显著负相关,说明上市公司的绩效随企业规模的增大而减小,只有在一定的水平下,公司规模才能发挥其规模经济,当超过这一水平,规模经济消失;另外,终极控制人会在公司规模扩大的同时增加其侵占公司利益的程度,从而降低公司绩效。

2.终极控制人现金流权与公司绩效之间的关系

根据模型 4.2 的回归分析结果,我们发现终极现金流权回归系数为正数,并且在 1‰ 的水平下显著。权益净利率与终极控制人的现金流权正相关,证实了现金流权的激励效应。实际控股股东掌握的所有权越多,其获得的收益会随着企业收益的增加而增加,私人利益与公司利益趋于一致,能够激励终极控制人减少侵占、提高公司价值,公司绩效也就越高,此结论与假设 4.2 相符。

在控制变量方面,成长性与公司绩效之间显著正相关,公司规模与公司绩效负相关。在此,不再赘述。

3. 终极控制人控制权与现金流权的分离与公司绩效之间的关系

如表 4-4 中回归分析显示:两权分离度 SR 系数为负数 (-0.072),且 $CH * SR$ 与 SR 系数之和仍为负数,并且都在 1‰ 的水平下显著,说明投票权与所有权的分离程度与资产净收益率呈现负相关关系,验证了假设 4.3。当投票权大于所有权时,所有权的激励效应不能够发挥出来,其二者的偏离程度越大,终极控制人通过控制权攫取公司利益从而减少由于所有权原因获得共享利益的损失,最终通过较小的代价获得较多的收益。投票权和所有权的偏离刺激处于控股地位的股东攫取投票权私利。可以认为,实际控制人的所有权和投票权的两权分离程度与公司绩效负相关,此结论符合假设 4.3。

4. 终极控制人的不同性质对两权分离程度与公司绩效关系的影响

根据模型 4.3 的回归分析结果,控制人性质不同,两权分离度对净资产收益率影响也存在差异。民营控股上市公司两权分离度对净资产收益率影响系数为 -0.072,而国营控股上市公司两权分离度对净资产收益率影响系数为 -0.048($-0.076+0.028=-0.048$),而且 $CH * SR$ 在 1‰ 的水平上显著,说明相比国营控股上市公司来说,民营控股上市公司的两权偏离度和公司绩效的负相关关系更明显,表现为终极控制人对中小投资者的利益盘剥力度更强,获取的控制权私利更多。

4.4.4 稳健性检验

为了保证回归分析结果的准确,我们以 4.4.3 节采用的 786 家上市公司 2008—2010 年的相关数据,对模型 4.1、4.2、4.3 重新进行估计,估计结果见表 4-5。

表 4-5 采用 2008—2010 年样本公司数据对模型 4.1、4.2、4.3 的估计结果

	Model 4.1	Model 4.2	Model 4.3
(Constant)	0.562 * * * (4.861)	0.481 * * * (4.025)	0.601 * * * (5.227)
UVR	0.145 * * * (−4.209)		
UVR^2	−0.299 * * * (−6.732)		
UCR		0.241 * * * (5.962)	
SR			−0.070 * * * (−4.449)
$CH * SR$			0.029 * * * (5.208)
$Size$	−0.020 * * * (−5.338)	−0.021 * * * (−5.605)	−0.019 * * * (−5.071)
$Growth$	0.176 * * * (5.122)	0.178 * * * (5.180)	0.192 * * * (5.588)
$Year$	控制	控制	控制
IN	控制	控制	控制
F 值	99.008 * * *	102.442 * *	112.336 * * *
调整系数 R^2	0.406	0.410	0.426
DW 统计值	1.912	1.895	1.904
WT 统计值	49.348	43.963	45.994

　　对比表 4-4、表 4-5 的估计结果,本书的基本结论没有改变。模型 4.1、4.2、4.3 利用 2008—2010 年样本公司数据估计的整体拟合程度分别为 40.6％、41.0％、42.6％,与表 4-4 的结果没有显著区别,同时三个模型的 F 统计值均在 1％水平上显著,说明模型的拟合度较好,可以表明解释变量对被解释变量的影响;表 4-5 中 DW 统计量的值与表 4-4 亦无太大差异,都接近于 2,说明各模型利用两组样本数据估计都不存在自相关问题;两表中各模型怀特(White)检验统计量 WT 的值也无明显差异,均小于临界值(5％显著性水平下),说明各模型利用两组样本数据估计都不存在异方差;两表中模型 4.1、4.2、4.3 各个解释变量 UVR、UVR^2、UCR、SR、$CH*SR$、$Size$、$Growth$、$Year$、IN 都通过了 1％水平的显著性检验,说明各个解释变量在两组样本估计结果下对被解释变量即净资产收益率都存在显著影响,而且两表中各个解释变量系数的估计值正负号没有变化,数值大小差异性也非常小,表明各个解释变量对净资产收益率影响的方向、大小是稳定的,更加证实了 4.4.3 节分析中的各项结论。

4.5　本章结论

　　本章从金字塔持股结构下最终控股股东的角度,实证分析了金字塔股权结构下终极控制人的典型特征,即控制权、现金流权、控制权和现金流权两权偏离对公司绩效的影响。研究的主要结果表明:

　　终极控制人的控制权与公司绩效之间呈现倒 U 形关系,表现为控制权在一定范围下,公司绩效随控制权的增加而增大,当控制权超过某一临界值,公司绩效随控制权的增大而减小。当终极控制人的控制权较弱时,股权结构较为分散,股权制衡作用比较强,终极控制人的利益侵占行为被有效制约,能够提升公司价值。但是当终极控制人的投票权达到一定水平,其侵占公司利益的能力就随着投票权的增大而增大,越会倾向于牺牲中小投资者的利益来增加自己的收益,从而致使公司绩效下降。

终极控制人的所有权和公司绩效正相关,说明所有权对终极控制人具有"激励效应"。增加终极控制人的现金流权,可以使控制股东与控制的公司目标相同,能够在一定意义上减弱终极控制人谋取超额收益的行为,能够激励终极控制人采用一定的方法努力提升公司绩效。这一实证取得了与研究假设一致的结论。

终极控制人控制权与所有权的偏离与公司绩效的关系显著负相关,也就是说两权偏离程度越大,公司绩效相应就低。说明了终极控股股东对中小投资者利益的盘剥,证实了终极控制人对公司具有"隧道效应",两权分离度大时,产生了其与中小投资者之间的代理问题。终极控股股东能够以比较少的现金流量获取比较多的投票权,为终极控制人实施隧道挖掘行为、侵占中小股东收益、获得控制权私有收益提供了动力和便利。当终极控股股东侵占投票权私有收益时,侵吞中小投资者利益,导致公司绩效减少。研究表明,现金流权能很好地抑制控制人的"隧道挖掘"效应。

根据描述性统计研究发现,民营上市公司相比国有上市公司的两权偏离程度更高,实证研究同时表明其两权分离度对公司绩效的影响更明显。因此,相比国营控股上市公司来说,民营控股上市公司的两权分离程度和公司绩效的负相关关系更显著,其终极控股股东攫取中小投资者利益的程度更强,获取的控制权私利更多。

由以上结论,本书认为:公司所有权与公司绩效为正相关关系,证明了终极控制人激励效应的存在,两权分离对公司产生隧道效应,民营上市公司具有更复杂的金字塔股权结构,增加了对中小股东及债权人利益侵占的隐蔽性,此种现象的形成也与我国民营上市公司的发展演进过程是密不可分的。为了提高公司绩效,促进资本市场的良性发展,可以提高终极控制人的现金流权比例,增加所有权,降低两权分立程度,如通过外部法律进行规范和约束终极控制人的持股比例,规范非公允的关联交易。同时完善公司的控制权市场,培育机构投资者,间接提高各控制链条上控股股东的持股比例,降低两权分离程度;进一步强化对上市公司控股股东的监督力度,特别是存在同一终极控制人的关联公司,其信息披露必须详细;解决公司治理中的第二类代理问题,降低终极控制人对中小股东的隧道效应,根本途径是完善投资者保护的法律法规,提高法律法规的可执行性及执法的效率,民营上市公司在年报没有详细披露大股东的关联方的财务状况,这也会使相关的控制权私有收益行为不被察觉,因此,加强对终极控制人产权披露透明度的规范管理及监督,有利于解决民营上市公司中终极控制人与中小股东的代理冲突,也有利于上市公司整体治理水平的提高;在上市公司内部,提高独立董事的独立性及人数,防止终极控制人完全控制上市公司的重要决策,通过内部监督来制衡终极控制人的权力过大问题。

第5章 负债融资与公司绩效关系研究：基于集中股权结构分析

5.1 引言

本章沿着第3章的研究成果：终极控制人的特征影响债务融资比及债务期限结构，分析负债对终极控制人与债权人之间代理问题影响证据，进一步研究终极控制人如何影响上市公司的负债融资策略，从而影响公司绩效。

如前文所述，在 BM 范式下，公司治理理论以解决股权高度分散前提下公司所有权与经营权相分离的问题，此种分离致使出现"弱股东—强经理层"代理问题。国内外的研究表明，公司主要以负债的形式来筹集资金，这样能够充分发挥负债在治理公司时的积极作用，减少由于股权融资而引起的股东与管理层之间的代理成本。中小股东持有了公司大多数所有权，但管理者拥有公司的经营权，由此导致了经营权与所有权分离问题的产生，因此，早期委托代理理论的研究就从这种问题开始入手。自分散股权结构下公司所有权与经营权分离的前提开始，理论界对公司治理的研究领域重点关注于公司所有者与经理层之间的委托代理关系上，寻求降低经理层成本的方法和途径。自20世纪80年代以来，国内外相关文献研究的实证结果发现股权集中现象存在于很多国家的上市公司中，并且大多数都存在着控制性股东，这些研究得出的结论与 Berle 和 Means 不同。终极控制人不仅拥有公司的现金流权,并且能够有效控制公司,就表明两权没有发生分离。股权集中的上市公司相比股权分散的上市公司而言,控制权和现金流权偏离程度高,侵害债权人利益的方式和手段都要严重得多,使得公司内部控制人与债权人及中小股东的矛盾进一步激化,产生了较大的代理问题,对公司绩效产生负向影响(La porta et al,1999;Faccio and Lang,2002)。但事实上,公司绩效受经营及成本等多种因素影响,是各个利益相关者发挥各自治理作用相互均衡的结果,并且利益相关者包含所有股东、经理层与债权人等,并不简单表现为股东对经理层治理的结果。债权人发挥治理效应不但可以帮助其定期获得利息,并且按期收回本金,帮助其他投资者取得属于自己的权益。因此,公司治理理论提出了利益相关者最大化的目标,从早期的股东价值最大化治理目标变为利益相关者财富最大化治理目标。

同其他国家相同,政府对大多数国有上市公司拥有控制权;而民营上市公司大多被家族企业控制,其实际控制权一般都掌握在个人手中。金字塔结构是上市公司最明显的特征,而且终极控股股东的投票权经常远远超过其所有权,从而致使中小股东、债权人等外部投资者的利益面临了较大的威胁,终极控制人产生的代理问题逐渐进入我国学术界的研究领域。近年来理论界重点从终极控制人行为、公司资本结构、公司治理结构等不同角度对终极控制人问题领域进行了大量研究,取得了大量的研究成果,但是债权人作为重要的利益相关主体却很少被提及,前人的研究没有直接衡量控制人的利益侵占。所以,它们不能直接证明负债与控制股东利益侵占之间的关系。那么,终极控股股东能否影响债务融资的治理效率呢?国内很少有人从终极控制人的角度进行债务治理效率的研究,本章将从终极控股股东的角度分析负债所发挥治理效率的影响因素,研究终极控股股东怎样通过影响公司的融资策略,在满足自己私利的情况下影响上市公司的经营绩效。

5.2 理论分析与研究假设

根据公司治理的委托代理理论,负债融资能够实现对经营者的激励和约束以及对股东的约束和控制,债权人利用法律和契约所赋予的权利,在保障自身利益的基础上,对治理绩效所发生的影响或带来的效应称为负债的治理效应。

5.2.1 负债融资对终极控制人的治理效应

终极控制人能够利用控制权为自己牟取超额收益,侵占外部中小股东的权益。Claessens 等(1999)认为,股权集中结构带来的控股性股东攫取外部中小股东利益是公司治理领域中较为严重的代理问题①。同时,此种代理问题在刚开创的市场中情况最为严重(Faccio et al,2001)②。在现有研究的基础上,学者普遍认为负债融资对终极控制人的治理效应可以分为三类,即债务的股权非稀释效应、债务的控制效应和债务的破产威胁效应。

1.债务的股权非稀释效应

债务的股权非稀释效应指债务资金可以阻止对现有股权的稀释,并不会引发终极控制人控制权的稀释,终极控股股东能够以较小的所有权获得较多投票权。当融资没有造成终极控股股东的投票权变小,意味着终极控股股东可控资源的增多,便于其攫取控制权私利。控股股东在公司资本结构的决策上拥有较大的投票权,并且拥有公司的剩余控制权,能够利用剩余控制权为

---

① Claessens S,Djankov S,Lang L H P. The Separation of Ownership and Control in East Asian Corporations[J]. Journal of Financial Economics,2000,58(1):81—112.

② Faccio M,Lang L H P,Young L. Dividends and Expropriation[J]. American Economic Review,2001:4—78.

其自身获取控制权私利。因此,相对股权方式融资而言,通过负债融资来筹集各项经营活动的资金能够强化终极控制人对公司的控制权,从而成为"隧道挖掘"效应的基础。

2.债务的控制效应

债务的控制效应源于强管理者与弱所有者背景下,是指债务需要到期定期支付利息,到期还本,对债务企业的现金流要求较高,间接实现了对终极控制人占用公司自由现金流的约束,减弱了终极控制人对中小股东的利益侵害。Jensen(1986)的研究表明:负债的控制假设决定了负债能够起到"提高公司效率和监督管理者的有效控制"作用,控制假说是指,"负债可以有效地制约经理层未来使用现金流量的诺言"①。Jensen 通过研究认为,公司所有权拥有者和经理层两者对如何使用自由现金流量有不同的看法,管理者都有建立"商业帝国"的冲动,管理者甚至为了不把现金流量还给股东而去投资到净现值为负的项目上。举债必须按时还本付息,这样能够限制和约束自由现金流量,如果管理者不能按时履行债务人的义务,就可能面临着债权人的起诉,从而危及管理者的管理地位。

公司债务和股权是两类不同的契约,公司债务表现为一种固定收益的契约,需要按时还本付息。然而股权融资收益是不固定的,股东有获取资本利得和红利的权利,但资本利得和红利受资本市场和公司经营等多种因素的影响,并不固定。债权人对本金及利息要求权要比股东对股利的要求权要强烈得多。对收益索取权要求的差异以及所有权与投票权分离,使得终极控股股东侵占中小股东的成本变小,因此,通过隧道效应转移上市公司的自由现金流量和其资源来增加自己私利的动机更加强烈。债务产生的财务风险制约了终极控制人对自由现金流的支配和侵占,负债规模越大,还本付息对现金流的约束也就越严格,终极控股股

---

① Jensen M C. Agency Costs of Free Cash Flow, Corporate Finance, and Take-overs[J]. The American Economic Review,1986:323－329.

东可以自由支配的现金流量相应的就越少。此外,外部投资者对债务契约约束和监管程度较高。Holland(1994)研究认为作为债权的银行人会加强对企业的监控,债务融资能够促进债权、债务双方的密切联系。如银行与债务企业中的报送信息、解释违约原因等,从而制约了终极控股股东的行为[①]。

3.债务的破产威胁效应

债务的破产威胁效应是如果达到负债偿还期限,负债企业不能够偿还本金和利息,债权人可以向法院提出欠债企业破产清算,一旦破产,控制股东就会失去公司控制权。在金字塔股权结构下,由于投票权与所有权产生分离,使终极控股股东能够以比较少的所有权得到比较多的控制权。终极控制人在很大程度上以控制权私有收益最大化作为其经营目标,终极控制人实现这一经营目标必须掌握公司的控制权。一般情况下,终极控制人掌握控制权;当企业发生财务危机时,终极控制人可能会丧失投票权,移交至债权人。面临破产的威胁,可能会失去控制权的终极控制人会约束自己的行为,也有可能在公司陷入危机时给予一定的支持和帮助。

本书将从债务融资比(负债在总资产中的比重)和债务期限结构(短期负债和长期负债在负债中的比例安排)两个角度,结合终极控制人类型,研究负债融资的治理效应,分析对公司绩效的影响。

5.2.2 不同终极控制人类型下债务融资比的治理效应

1.国有上市公司债务融资比治理效应

张兆国(2006)的研究表明,公司绩效要受到资本结构的影

---

① Palmer R G,Brian Arthur W,Holland J H, et al. Artificial Economic Life: a Simple Model of a Stockmarket[J]. Physica D: Nonlinear Phenomena,1994,75(1):264—274.

响，而公司资本结构进一步对治理效果发挥作用①。在金字塔集中结构下，终极控股股东的两权发生分离，委托代理问题更为严重。褚萌萌(2013)以股权分置改革前后我国上市公司为研究样本，实证研究发现债务资金与公司绩效呈现显著负相关关系，且不同时期的样本在两者关系中差异较小②。何芳丽等(2015)的研究发现，地方政府控股上市公司银行债务能够削减控股股东的支持效应③。Liu Jing-jian(2015)等的研究表明，终极控制人通过提高资产负债率，从而增加了侵占的效果，会降低企业绩效。国有上市公司加剧了这一效应④。

国有控股上市公司产权主体是中央和地方各级政府及其主管部门。从公司治理的角度来说，一方面，国有终极控股股东作为国有资产产权的代理人，有义务监督其下一级代理人。国有终极控股股东和下一级代理人存在无效的激励制度与信息不对称等问题，并且国家及其代理人拥有十分特殊的政治地位等诸多原因，政府会对企业实施若干的行政干预，国家及其代理人的监督带有强烈的政府角色，致使经营者无法获得充分的自主经营权；另一方面，由于国有控股上市公司行政主管部门在很多情况下并不参与公司经营利润的分配，从而行政部门缺乏相应的欲望去管理及评价经营者的经营业绩，从而产生控制权真空，使代理人能够利用行政主管部门在所有权上的超弱控制，形成监管者缺位和事实上的代理人内部人控制。行政主管部门作为国有控股公司的终极控股人对中间代理人的代理企业拥有人事上的任免权，这

---

① 张兆国，闫炳乾，何成风.资本结构治理效应：中国上市公司的实证研究[J].南开管理评论，2006,9(5):22—27.

② 褚萌萌.上市公司负债融资对公司绩效的影响——基于股权分置改革背景下的实证分析[J].财会通讯，2013,(15):45—48.

③ 何芳丽，严太华.终极股东类型、债务融资工具与利益侵占——基于中国制造业上市公司的实证研究[J].云南财经大学学报，2015(10).

④ Liu J，Wang J，Liang X. .Expropriation Motivation，Capital Structure and Corporate Performance[J]. Modern Finance and Economics—Journal of Tianjin University of Finance and Economics，2015，1：005.

在一定意义上减弱了代理人内部控制的程度,但这种任免权的行使属于控制权的行政调节和配置,既不是按照市场竞争程度来安排的,也不是利用公司治理结构通过内部治理的完善来实现,因此,国有控股上市公司缺乏对代理经营者有效的监督约束和激励,代理成本较高。

一般来说,银行作为公司债权人能够发挥较强的约束和监督作用,但是国有商业银行是上市公司的最主要债权人,政府就成为资金的供给方,由于政府不仅关注投资的经济效应,还关心全社会的公共福利及稳定,预算就会出现软约束;如果资金的供给方以追求利润最大化为目标,那么预算约束就能够硬化。银行认为政府将事后干预并弥补亏损银行,因此使得银行没有主动性去清理坏账,从而出现对"营救的投机"。也可以认为,政府的干预会导致债权人不能够对不按期还本付息的公司进行破产清算,因此,公司面临的预算约束是软约束。伯尔格罗夫和罗兰德(1995)的研究也认为,如果银行和政府的关系密切,债务人的预算约束是软的[①]。当公司遭遇财务危机或者遭遇亏损时,即使银行不愿意再提供资金,但政府从全社会福利的角度出发进而干预,银行不得不再融资。当预算为软约束时,作为债权人的银行无法充分发挥其信息和监督的优势,未起到应有的监督作用,软化债权参与公司治理的效应。

国有控股上市公司由于实际的内部人同源性及面临银行软预算约束,负债融资的治理效应失效。因此,提出如下假设。

假设 5.1:在国有上市公司中,债务融资比对公司绩效产生负向影响,表现为负相关关系。

2.民营上市公司债务融资比治理效应

在民营上市公司中,个人或者家族的法人企业为终极控制

---

① Roland G. Corporate Governance and Restructuring:Lessons from Transition Economies[C]. Annual World Bank Conference on Development Economics,2000. World Bank Publications,2001:331.

人,股权投资的目的在于获得投资报酬、多元化经营以及实现规模效益等,以利益最大化为经济目标。民营上市公司的所有者同时是控制者,终极控制人在董事会中占据重要地位,在股东大会上直接投票,直接参与公司的各项筹资、投资等重大决策。并且民营上市公司与国有银行债务债权关系是通过法律法规来规范和约束的,不存在国有控股公司与国有银行股东同源性的问题。银行会为了加强对信贷风险的控制,更加严格审查民营上市公司的财务状况、经营成果和现金流等,对贷款资金的使用监管也更加细致。当公司经营状况不好或者财务状况波动不稳定时,会产生较强的破产清算风险,这促使终极控制人高度关注对财务风险的控制,注意塑造公司良好的市场形象,努力提高公司绩效,从而使负债真正发挥破产威胁效应,并且最大限度地发挥债务融资的正向治理效果。闫华红等(2013)的研究认为,相比而言,民营上市公司会选择较高的负债水平进而方便其掏空行为。陈治鹏(2015)对我国深市中小板上市公司 2011—2013 年财务数据进行分析,实证研究了我国中小上市公司的债务筹资与公司绩效的关系。研究发现,在中小上市公司中,债务资金对公司绩效具有正向影响[①]。因此,提出如下假设。

假设 5.2:在民营上市公司中,债务融资比例与公司绩效呈现正相关关系。

5.2.3　不同终极控制人类型下债务期限结构的治理效应

1.国有上市公司债务期限结构治理效应

短期负债需要经常性还本付息,产生了财务风险,形成破产威胁效应及由债务契约带来的对资金运用的约束与监督。债务期限结构正是利用短期负债的这一特点达到对终极控制人的治

---

① 陈治鹏.我国中小企业负债融资对公司绩效影响的实证检验[J].商业经济研究,2015(09):90-92.

理效应。当国有上市公司发生财务危机时,无法还本付息,其会向政府寻求帮助,政府能够伸出援助之手,国有上市公司在政府的帮助下,有很大可能走出危机。因此,负债财务危机的破产威胁作用有限[①]。并且国有上市公司在形成及发展过程中,与政府相关机构间存在稳定的政治关系,这种政治关系起到了市场声誉机制的作用。国有企业相比民营企业而言,获得银行贷款更加便利,同时由于其国有的所有权属性,在债务契约中受到的约束较小[②]。若上市公司为国有控股,短期负债发挥治理效的程度应有限。因此,提出如下假设。

假设5.3:在国有控股上市公司中,短期债务资金越多,债务期限结构对终极控制人治理效应不明显。

2.民营上市公司债务期限结构治理效应

民营上市公司自利价值取向明显,有着典型的"经济人"特征,通过债务融资,可迅速增大控制资产总量。在金字塔集中结构下,终极控股股东利用投票权和所有权的分离,攫取正常营业利益和控制权私利是进行债务融资的主要动机。但是,民营控股上市公司由于市场声誉、融资方式、银行约束等多个方面的原因,债务融资通常主要以短期贷款为主。民营控股上市公司既存在预算的硬约束,也承担着较大的政策、市场和经营等多个不确定因素,短期债务较高的现金流量需求使企业面临较大的财务风险,使得公司承受了资金困境和破产威胁,终极控股股东会降低挖掘和侵占行为。他们会尽力提高市场声誉,减少对中小股东及外部投资者的利益侵害。民营上市公司短期负债率越高,面临的现金流的约束和破产威胁越大,民营终极控制人更加能够约束自己的行为,短期负债对终极控制的治理效应越明显,越能提升公

---

① 黎凯,叶建芳.财政分权下政府干预对债务融资的影响——基于转轨经济制度背景的实证分析[J].管理世界,2007(8):23—34.

② 孙铮,刘凤委,李增泉.市场化程度、政府干预与企业债务期限结构[J].经济研究,2005,5(5):52—63.

司绩效。因此,提出如下假设。

假设 5.4:在民营控股上市公司中,短期债务资金越多,对终极控制人的约束越大,公司绩效越高,债务期限水平和公司绩效呈现正相关关系。

5.3　研究设计

5.3.1　变量设计

(1)被解释变量

本章被解释变量的选取同 4.3.1 节,用净资产收益率指标描述公司绩效水平。

(2)解释变量

债务融资比用资产负债率来反映。本章采用和 3.1.3 节相同的处理,以资产负债率衡量债务融资比。

债务期限结构用短期债务比来衡量。根据之前的分析,债务契约通过债务期限对终极控制人发挥公司治理效应,主要体现在短期债务对终极控制人的影响。因此,鉴于研究对象的变化,本章采用和 3.1.3 节不同的处理,以短期债务比衡量债务期限结构。

(3)控制变量

与第 4 章相同,在对前人的研究理论成果的基础上结合本章的理论分析和研究假设,我们取对上市公司绩效存在显著影响的公司规模、成长能力、年份、行业等因素引入本章模型中作为控制变量。各变量的内涵与计算前面已详细论述,这里不再重复。

变量定义表如表 5-1 所示。

表5-1　变量定义表

变量类型	变量名称	变量代码	变量定义
被解释变量	净资产收益率	ROE	税后利润/平均净资产
解释变量	资产负债率	DAB	期末负债总额/期末资产总额
	短期债务比	LDR	短期负债总额/负债总额
控制变量	公司规模	Size	对总资产取对数
	成长能力	Growth	(主营业务收入－上年主营业务收入)/上年主营业务收入
	年份	Year	虚拟变量,为该年份时取1,否则取0
	行业	IN	虚拟变量,为该行业时取1,否则取0

5.3.2　样本与数据来源

本章在样本公司选择上采取与第 4 章相同的处理,选取 2011—2013 年我国沪深上市公司 A 股面板数据作为研究对象, 剔除了 2008 年以来新上市的公司,确保了稳健性检验的可靠性。

5.3.3　研究模型设计

依据上述分析,我们建立以下模型来检验前面提出的 4 个假 设,并采取按照终极控制人性质对样本公司分组,对该模型分别 估计。

$$ROE = \beta_0 + \beta_1 DAB + \beta_2 LDR + \beta_3 Size + \beta_4 Growth$$

$$+ \sum_{i=1}^{2} \beta_{i+4} Year_i + \sum_{j=1}^{11} \beta_{j+6} IN_j + \varepsilon \qquad (5.1)$$

模型 5.1 中 ROE 为被解释变量,表示净资产收益率,用来度 量公司绩效,采取当年净利润与平均净资产之比来计算;DAB、 LDR 为解释变量,DAB 表示资产负债率,用来度量债务融资比 例,采取账面价值法测量资产负债率,即期末总负债的价值与期 末总资产的价值之比来计算,LDR 表示短期债务比,用短期负债总额占负债总额的比例加以衡量；$Size$、$Growth$、$Year$、IN 为控制变量，这些变量的作用、内涵与计算方法在前面已详细介绍，这里不再重复。分别利用终极控股人为国有性质的上市公司与终极控股人为民营性质的上市公司两组样本数据，对模型 5.1 进行估计，通过两组估计结果各变量系数的差异性来验证假设 5.1、5.2、5.3、5.4。

5.4　实证检验与分析

5.4.1　描述性统计分析

表 5.2 为各个变量的描述性统计。

表 5-2　主要变量的描述性统计

变量	最小值	最大值	均值	标准差
净资产收益率	−0.11	0.60	0.1029	0.0711
资产负债率	0.01	0.99	0.5297	0.2401
短期债务比	0.08	1.00	0.8713	0.2016
公司规模	18.20	24.42	21.1124	0.9701
成长能力	−0.50	1.96	0.1201	0.3192

由表 5-2 可以看出，债务融资比例的均值达到 50％以上，表明权益资金在资本结构中的比重已经下降，债务资金已经在融资方式中占据重要位置，债务的财务杠杆作用得到了应有的发挥；总资产负债率的最小值为 0.01，最大值为 0.99，标准差为 0.2401，说明我国上市公司债务比例结构存在很大差异。短期债务比的均值在 87％以上，说明流动负债主要构成了我国上市公司的总负债，这是因为我国的法律法规等制度不能够有力保护债权人的合法利益，债权人出于自身安全的考虑，大多不愿意提供长期

借款;研究样本中的短期债务比的最小值为 0.08,最大值为 1. 00,标准差为 0.2016,说明我国上市公司中长期负债比例差别很 大。被解释变量(净资产收益率)与控制变量(公司规模、成长能 力)在第 4 章已有详细描述,这里不再重复。

5.4.2 相关系数的方差分析

为了检验假设 5.1、5.2 中提出的终极控制人类型不同,资产 负债率与公司绩效的相关方向有差异,我们按照终极控制人性质 把样本分为两组,组 1 由终极控股人为国有性质的上市公司构 成,样本为 594 个;组 2 由终极控股人为民营性质的上市公司构 成,样本为 192 个;分别计算两组样本资产负债率与净资产收益 率的 Pearson 相关系数,对两组样本的资产负债率与净资产收益 率的 Pearson 相关系数进行方差分析。同样的道理,为检验假设 5.3、5.4 中提出的终极控制人类型不同,债务期限结构对公司绩 效的影响有差异,在与上述内容相同的分组基础上,对两组样本 的短期债务比与净资产收益率的 Pearson 相关系数进行方差分 析,具体结果详见表 5-3。

表 5-3 Pearson 相关系数的方差分析

	资产负债率与净资产收益率的相关系数		短期债务比与净资产收益率的相关系数	
	国有上市公司	民营上市公司	国有上市公司	民营上市公司
样本均值	−0.428	−0.209	0.107	0.416
组内均方	0.051		0.041	
组间均方	0.661		0.651	
F 统计量	F=12.96,P=0.00031		F=15.88,P=0.00023	

由表 5-3 可以看出国有上市公司、民营上市公司资产负债率 与净资产收益率的 Pearson 相关系数的均值为负值,说明资本结 构与公司绩效呈现负相关关系,验证了假设 5.1,但与假设 5.2 不

符,而且民营上市公司的相关系数均值仅为 -0.209,绝对值明显小于国有上市公司的相关系数均值的绝对值,表明民营上市公司负效应要弱于国有控制的上市公司;而且 F 统计量的值大于临界值,概率值为 0.00031,说明即使显著性水平为 1‰时,终极控制人性质对债务融资比与公司绩效的关系存在影响。而国有控股上市公司、民营上市公司短期债务比与净资产收益率的 Pearson 相关系数均值虽都为正值,但存在较大差异,国有上市公司的相关系数均值仅为 0.107,表明国有上市公司绩效受短期负债比例的影响十分弱,民营上市公司的相关系数均值为 0.416,表明民营上市公司债务期限结构对公司绩效的影响较为显著;而且 F 统计量的值大于临界值,概率值为 0.00023,表明终极控制人性质不同,债务期限结构与公司绩效的关系存在显著差异。综上所述,通过分析 Pearson 相关系数的方差,从一定程度上验证了本章开始提出的 4 个假设中的 3 个,但方差分析还不够全面,所得结论不够严谨、可靠,为了更可靠地验证上述关系,我们需在分组的基础上进行多元回归分析。

5.4.3 多元回归分析

表 5-4 是各个变量对权益净利率的回归分析结果,两个表格中调整系数 R^2 基本上在 40%以上,说明模型的拟合度较好,可以表明解释变量对被解释变量的影响;DW 统计值接近于 2,说明各模型不存在自相关问题;各模型怀特(White)检验统计量 WT 的值均小于临界值(5%显著性水平下),说明各模型不存在异方差。

表 5-4 终极控制人不同类型下模型 5.1 的回归分析结果

	国有上市公司	民营上市公司
(Constant)	0.493 * * *	0.409 * * *
	(5.398)	(4.762)
DAB	-0.398 * * *	-0.259 * * *
	(-6.114)	(-6.007)

	国有上市公司	民营上市公司
LDR	0.164	0.348＊＊＊
	(0.227)	(8.194)
$Size$	−0.015＊＊＊	−0.023＊＊＊
	(−5.342)	(−5.617)
$Growth$	0.182＊＊＊	0.175＊＊＊
	(5.212)	(5.116)
$Year$	控制	控制
IN	控制	控制
F 值	79.335＊＊＊	78.116＊＊＊
调整系数 R^2	0.442	0.426
DW 统计值	1.874	1.881
WT 统计值	49.25	44.76

注：＊、＊＊和＊＊＊分别表示在 0.1、0.05 和 0.01 的水平上显著。

1. 终极控制人的不同性质对债务融资比与公司绩效关系的影响

从表 5-4 中可以看出，在国有上市公司和民营上市公司中，资产负债率前的系数都为负值，且在 1% 的显著性水平下依然显著，说明随着资产负债率的增加，公司绩效有减小的趋势，即负债的治理效应都表现为软约束性特点，验证了假设 5.1。国有控股上市公司由于事实上的内部人控制及银行的软预算约束，负债未能发挥应有的治理效应，从而失效。而民营上市公司负债融资比例前的系数也为负数，不符合假设 5.2。此外，国有上市公司资产负债率前的系数（−0.398）绝对值显著大于民营上市公司的系数（−0.259）绝对值，表明债务融资在上市公司中发挥的治理效应随终极控制权类型的变化而产生变化，即负债融资治理效应的发挥程度受到终极控制人类型的影响。民营上市公司负债融资的治理效应要弱于国有控股的上市公司。

2.终极控制人不同性质对债务期限结构与公司绩效关系的影响

表 5-4 中,国有上市公司和民营上市公司短期债务比的系数都为正值,表明短期债务比例与公司绩效呈现正相关关系。民营上市公司前的系数为 0.348,表明在 1% 的显著性水平下依然显著,验证了假设 5.4,在民营控股上市公司,短期债务发挥了其自由现金流约束控制效应和破产威胁效应,能够起到对终极控制人监督和约束的作用。而国有上市公司前的系数为 0.164,但不显著,这是由于国有上市公司并没有很强的对上市公司掏空的动机,短期债务可以约束公司的管理层在职消费和超额投资等行为,很可能是由于中央和地方各级政府对负债的干预导致负债的治理作用失败。

3.控制变量对公司绩效的影响

从表 5-4 中可以看出,在两种集中股权结构的上市公司中,成长能力与公司价值都显著正相关,成长能力越强,公司未来的发展机会越多,越有利于增加公司绩效;而公司规模与净资产收益率都显著负相关,说明规模的增加减少了上市公司的价值。

5.4.4　稳健性检验

为了确保回归分析结果的准确程度,我们采用与第 4 章相同的分析方法,采用 786 家上市公司 2008—2010 年的相关数据,对模型 5.1 重新进行分组估计,估计结果见表 5-5。

表 5-5　采用 2008—2010 年样本公司数据对模型 5.1 的估计结果

	国有上市公司	民营上市公司
(Constant)	0.489＊＊＊ (5.227)	0.418＊＊＊ (4.894)

	国有上市公司	民营上市公司
DAB	−0.407 * * * (−6.665)	−0.245 * * * (−6.479)
LDR	0.159 (0.306)	0.351 * * * (8.816)
Size	−0.017 * * * (−6.118)	−0.021 * * * (−5.443)
Growth	0.180 * * * (5.475)	0.173 * * * (5.447)
Year	控制	控制
IN	控制	控制
F 值	78.984 * * *	77.883 * * *
调整系数 R^2	0.432	0.408
DW 统计值	1.901	1.895
WT 统计值	49.76	43.83

注：*、* *和* * *分别表示在0.1、0.05和0.01的水平上显著。

对比表5-4、表5-5的估计结果,本书的基本结论没有改变。利用2008—2010年国有上市公司、民营上市公司的样本数据对模型5.1估计的整体拟合程度分别为43.2%、40.8%,与表5-4的结果没有显著区别,同时,两组样本数据估计的F统计值均在1%水平上显著,说明模型的拟合度较好,可以表明解释变量对被解释变量的影响;表5-5中DW统计量的值与表5-4亦无太大差异,都接近于2,说明模型5.1利用两组样本数据估计都不存在自相关问题;两表中各组样本公司估计的怀特(White)检验统计量WT的值也无明显差异,均小于临界值(5%显著性水平下),说明模型5.1利用两组样本数据估计都不存在异方差;两表中模型5.1各个解释变量DAB、LDR、Size、Growth、Year、IN都通过了0.01水平的显著性检验(除了国有上市公司样本中LDR的系数),说明各个解释变量在两组样本估计结果下对被解释变量——净资产收益率都存在显著影响,而且两表中各个解释变量系数的估计值正负号没有变化,数值大小差异性也非常小,表明各个解释变量对净资产收益率影响的方向、大小是稳定的,进一步验证了 5.4.3 节分析中的各项结论。随着资产负债率的增大,净资产收益率有减小的趋势,但终极控制权类型影响了负债融资治理效应的发挥程度,民营上市公司负债融资治理效应要弱于国有控制的上市公司;国有上市公司和民营上市公司长期债务比例与公司价值都正相关,但国有上市公司两者的因果关系不显著;国有及民营上市公司成长能力与权益净利率都显著正相关,公司规模与权益净利率都显著负相关。

5.5　本章结论

本章从金字塔结构下终极控制人视角,研究了终极控制人对负债融资决策的影响,进而发现对公司绩效的综合作用,以 2011—2013 年 786 个上市公司的相关指标作为研究的基础,进行实证检验。结果发现:

(1)债务融资比。国有上市公司同民营上市公司两者的负债治理都表现出了软约束性,即债务融资的相机治理效应都表现出负的公司治理效率,但是国有控股上市公司治理负效应相比而言更明显。这虽然没有像假设的那样民营控股上市公司的负债融资与公司绩效正相关,仍然表明债务融资发挥的治理效应随着终极投票权类型的不同而不同,即负债融资治理效应的发挥程度受到终极控制人类型的影响。

(2)债务期限结构。在国有上市公司和民营上市公司中,短期债务融资比与公司经营绩效都呈现正相关关系。在民营控股上市公司,短期债务发挥了其自由现金流约束控制效应和破产威胁效应,能够起到对终极控制人监督和约束的作用。国有上市公司并不像民营上市公司那样,没有很强的对上市公司实行掏空的动机,在国有控股上市公司中,短期债务可以约束公司的管理层,减少公司管理层投资随意性等代理成本,但短期债务融资比与经营绩效相关性并不显著,导致负债的治理作用失效的原因可能是中央和地方各级政府对上市公司负债的干预。

由以上结论,本书认为:在我国资本市场中,国有商业银行是上市公司主要的债权人,但由于国有商业银行管理者缺位及事实上的内部人控制,导致了债务资金的预算软约束,无法发挥债务资金的破产威胁效应,原本应该起到监督作用的银行无法充分发挥银行的信息和监督优势,不能积极地利用债权约束来参与公司治理。但短期债务由于其偿还时间较短,约束了上市公司的自由现金流,一定程度上发挥了控制效应和破产威胁效应,对公司绩效产生了正向的作用。鉴于此,为提高上市公司绩效,应尽快建立健全破产的法律法规,形成真正意义上的破产退出机制,发挥债务资金的硬约束及公司治理效应;加大对国有商业银行自身体制的改革,提高对信贷资产的管理水平,消除政府部门对商业银行经营的行政干预,解决自身的管理者缺位等委托代理问题,允许银行作为主要债权人列席上市公司重要会议,完善主办银行制度;完善我国的公司债券市场,扩大债券市场规模,提高公司债券的流动性,健全企业债券信用评级制度,为公司债券市场的发展提供更为宽松的政策环境,发挥债务资金的治理效应;同时,上市公司在条件成熟时,可以申请发行本公司债券进行融资,不仅能够降低上市公司的资金成本,优化资本结构,还能有效降低公司治理的代理成本,提高上市公司的治理效率及公司绩效。

第6章 发挥支持效应及负债治理效应的政策建议

自 20 世纪 30 年代公司治理概念提出之后,对其的研究迅速成为公司理财领域的研究热点。综合公司治理的国内外研究观点,公司治理存在两种模式,即内部治理模式与外部治理模式。内部治理模式是指公司的控制权在股东、董事会、管理者及监事会之间的权力分配的安排,从制度上实现权力的分配与制衡;而外部治理包括经理人市场、资本市场及控制市场等市场监督机制,还包括法律法规、信息披露等法律保障机制。

完善的公司治理制度安排能够保障上市公司健康发展。终极控股股东的挖掘行为伴随着资本市场的发展而逐渐得以强化,严重侵害了中小股东的合法收益,违背了资本市场的"三公"原则。根据本书的理论规范分析及实证分析,结合当前我国金字塔股权结构下的公司治理及负债融资的相机治理效应,解决集中股权结构产生的代理问题,应发挥终极控制人的积极作用,监督及约束挖掘行为,提高中小股东的参与机制,强化债权人保护法律,完善破产法律制度,进而提高公司价值。因此,本书从公司治理结构的两个模式出发,分别对内部治理(权力机构、决策机构及监督机构)和外部治理(对本书研究主体终极控制人加强监督及约束、法律层面及市场层面)提出相关政策建议,从而约束集中股权结构下的侵占行为,发挥支持效应;保障债权人利益,强化债权人在公司治理的作用,使负债资金的治理效应得以有效发挥。

6.1 提高终极控制人利益侵占成本，完善上市公司内部监督机制

6.1.1 提高中小股东决策的参与度

长期以来，我国上市公司中小投资者"以脚投票""以手投票"没有合适的机会和渠道。可以在法律层面降低中小投资者的召集权、提案权和否决权的标准，促使中小投资者积极参加公司对各项事宜的表决，提出自己的意见。

LLSV 研究表明，在现代企业中，代理成本中存在的主要问题是股权占比较大的股东与中小投资者之间的矛盾与协调，通过行使中小投资者的合法权利约束大股东的行为，从而降低代理成本。鼓励中小股东参与表决权的思路是完善、发展委托投票制度，减少中小股东进行投票时的成本。在公司法层面，实现绝大部分的上市公司中小股东积极参与表决，可以通过降低中小投资者的召集权、提案权等权力要求，进而保障中小股东合理权力的实施。发展中小股东利用股东大会制度与控股股东签订以结果为导向的契约式降低控股股东代理成本的有效方式，使终极控制人与委托人两者之间的信息对称。可以通过网上投票机制等方式降低中小股东发挥监督作用的成本。证监会应当大力宣传成功企业的做法，促使在上市公司中的中小股东参加公司治理，简化参与治理的手续，规范和健全参与治理的操作制度。

6.1.2 优化、平衡董事会结构，健全独立董事制度

董事会代表公司行使法人财产权，掌握重大事项的决策权，起到监督管理层的重要职能。在集中股权结构上市公司管理层

中,超额控制权越多,终极控股股东非法占有债权人及中小股东利益的欲望也就越强烈,并且对上市公司的经营绩效产生的消极影响越明显。从而有必要实行和规范累积投票制度,将小股东代表纳入董事会,行使股东权力,平衡董事会的权力结构和人员结构,约束控股股东的行为,避免董事会的决策仅仅由控股股东说了算。这就需要证券管理部门、上市公司和立法者一起协作,推动累积投票制的实施,完善董事候选人荐举制度和投票权制等相关的制度。此外,我国目前独立董事由控股股东决定其是否为候选人,股东大会通过的机制并不能使独立董事有效地代表中小股东的利益,这就需要转变独立董事的选取方式,使独立董事真正做到与大股东经济利益的独立性,发挥应有的监督职能。

在我国上市公司的金字塔结构下,保护中小股东利益最有效的手段是完善独立董事制度。但是经过实证检验得出,我国上市公司中的独立董事只占到30%,并且其对最终控股股东的监督约束能力比较弱。在我国现行的环境下,独立董事由控股股东提名,并且由终极控股股东控制下的股东大会选举,结果导致独立董事成为终极控股股东的傀儡。我国对独立董事的责任权利没有明确的成文规定,其权力和利益面临较大风险,没有法律制度作为保障。同时,许多上市公司选取独立董事只是为了使其达到法律的规定,并没有发挥独立董事的根本义务与责任。为了使独立董事履行其责任,监督终极控股股东的行为,必须研究独立董事对公司治理的消极和积极作用,规范独立董事的选聘制度,使用累积投票等方式选聘独立董事,增强独立董事的独立性;更加明确独立董事的职责,运用法律手段等方式保护独立董事;大力发展独立董事市场,由所代表的中小股东累积投票权决定独立董事的选聘,从而使独立董事独立于终极控制人,降低或避免终极控制人的利益侵占;在社会的监督下,用市场评价机制来评价独立董事的工作绩效。因此,必须尽快形成社会评估和个人信用体系,并逐渐形成结构完整、合理有序的独立董事竞争市场,由独立的第三方对独立董事进行评价,保证独立董事的独立性。

6.1.3 完善监事会监督机制

监事会是对股东大会负责的公司内部监督机构,其主要职责是监督上市公司管理层是否按照制度履行自己的职责和义务。目前,在我们国家的上市公司中,董事会直接确定监事会成员,造成监事会无法真正起到其应该有的实质作用,成为董事会的傀儡。提高监事会地位,发挥其作用,已经成为上市公司迫在眉睫的任务。要发挥其作用,必须做到减少控股股东在监事会的数量,制定中小投资者进入监事会的机制,并且要真正给予监事会应有的权利。

6.2 降低终极控制人侵占收益,完善对投资者的保护机制

6.2.1 加强对终极控制人的监督和约束

1. 降低控制权与现金流量权的分离度

上市公司的收益包括对全体股东的收益,终极控制人实现私有利益是建立在损害中小股东利益的基础上的。终极控制人本应该利用负债融资治理公司,增加公司收益进而实现自己收益增加,同时为中小股东带来更多的收益。由于控制权与现金流权严重不对称,为终极控制人通过运用关联交易等方式获得更丰厚的私有收益提供了方便,从而终极控制人采用损害中小股东的收益来增加自己的收益,给上市公司与其他的利益相关方带来了损害。两权分离这一现象在我国的大型上市公司中比较普遍,在中小上市公司中不是很明显。适当降低控股股东的两权分离情况,

将有助于降低各类股东之间的冲突,能够促进上市公司的健康发展,促进资本市场的良性循环。

对于如何降低终极控股股东的两权分离,一是提高终极控股股东的所有权比例。当终极控股股东的所有权占比较大时,终极控股股东与公司的利益即形成捆绑形式,公司获益,终极控股股东就获益,公司损失,终极控股股东的利益就相应损失,在这种情况下,终极控股股东就不会做出损害公司利益的行为,中小股东的利益相应得到保障。二是减少终极控股股东的投票权。终极控股股东的投票权会因为上市公司的独立而受到限制,上市公司的独立性越强,则终极控股股东的投票权就会越小。上市公司可以从制定相关公司章程来实现减小终极控股股东的投票权,政府等相关部门可以通过立法形式来阻止终极控制人用关联交易的方式侵占公司利益,通过这些方式来减小投票权与所有权的分离程度。

2. 加强外界对终极控制人的约束作用

在控制权与现金流权严重分离的情况下,终极控制人有很强的能力和动机去侵占中小股东的利益,来增加自己的私利,尤其是两权分离程度比较高的终极控制人,其侵占中小股东利益的能力和动机更大,因此,应该加强对终极控制人的监管约束。现有的信息披露制度,无法清楚明确终极控制人及上市公司的情况。应该进行信息全面披露,包括上市公司相关股东的情况,同一控制人其他关联公司的情况,清晰终极控制人的真实身份。具体做法如:加强中小股东联盟,普及机构投资者,提高处罚力度,减少终极控制人侵占的可能性等,增加监管的能力和有效性。

应该严格规范终极控制人同上市公司的关联交易行为。金字塔形状的控制结构很好地保护了终极控制人的真实身份,其层层控制形式为终极控制人逃避市场和政府监管提供了途径。虽然证监会等相关部门已经制定了一系列的措施约束关联交易,但是终极控股股东与上市公司之间的关联交易方式变化多样,现有的措施制度无法有效约束其行为,公布的信息不能明确控制链上各层级之间的关系,这就使得相关部门要及时制定新政策来约束其关联交易。

社会的监督对约束终极控制人同样具有十分重要的作用。终极控制人的责任不仅仅局限于其对上市公司负责,因为其广泛的影响力应该承担更多的社会责任,受到更多社会的监督。

6.2.2 法律层面

努力改善对投资者收益的法律保护环境是解决终极控制人利用控制权攫取上市公司控制权私利的根本途径。通过制定和完善保护投资者利益的相关法律体系,加强信息披露力度,实现保护中小股东的利益。

(1)强化对控股股东道德水平的披露。根据信息披露决策有用性原则,完整的信息披露制度可以约束控制股东的不正当侵占行为。上市公司应加强控股股东道德水平相应信息的披露,在公司年度报告中披露控股股东以前或者现在同时担任过其他上市公司的高管人员或者控制过其他上市公司。证监会应该在其网站开设专栏披露上市公司董事会成员的信用档案,公布受证监会道德谴责的高管人员并披露其原因。同时,上市公司自身应具有法定的义务提醒广大投资者注意公司管理层的道德风险。媒体等机构应该积极披露上市公司及其终极控制股东的相关信息,为投资者在进行投资决策时提供依据,保护投资者的利益。

(2)完善破产机制和关联交易的相应法律。破产能够实现清偿债务和社会资源的重整,理顺债权债务关系和资源的高效配置。债务发挥硬约束以有效破产机制为前提条件。当企业经营状态正常时,破产机制应该起到有效震慑作用,限制控股股东的利益侵占;当企业处于破产清算状态时,破产机制应能保障债权人利益,发挥债权人外部监督的作用。因此,为了消除行政部门运用不当权利干预公司破产清算,防止行政权力损害债权人利益,保障债权人正当利益,应该尽快制定有效合理的破产法律制度。同时,应保障债权人和相关专业人员在破产清算中的参与程度,债权人应该积极参加和检查企业的清算和资产估价的全过程,保证清算过程公开、透明。当前,由于《公司法》对关联交易的限制较少,终极控制人侵占中小股东利益,攫取上市公司资源,获取控制权私有收益更为方便,因此有关立法部门应尽快完善关联交易相关的法律法规,减少控股股东的代理成本,增加公司业绩。

(3)完善终极控股股东产权关系的披露。当最终控制股东的信息完全披露出来,其侵占上市公司利益的不正当行为就会得到有效的约束。在建立信息披露制度中,应将企业的社会责任信息纳入其中,完善现有的信息披露制度,从根本上杜绝控制股东滥用其控制权。完全披露上市公司内部的控制关系,有助于投资者判断其将投资的上市公司的价值,方便其决策,同时为市场监管提供便利。因此,需要加强披露终极控股股东的各方面控制信息,方便投资者、相关部门等监管其股权关系和关联交易。

我国上市公司以树形图的方式披露控制人的相关信息,其树形图中只包含终极控制人控制的上市公司,没有包含非上市公司,不能完全披露终极控制人的信息,这就影响投资者及其中小股东清晰分析对上市公司的认识。另外,树形图只披露了控制权最大的终极控制人,而终极控制人的亲属对上市公司的控制权等相关信息没有披露。同时,大股东关联方的相关财务信息在上市公司的年报中也未披露,以致很难察觉大股东的控制权私有收益的行为。

(4)加强对中小股东的保护。可以从衡量标准和法律措施两个方面来保护中小股东的利益。正确衡量中小投资者的利益对保护中小股东的利益具有十分重要的作用。应该从长远的发展角度来研究中小投资者的收益。全体中小投资者的长远收益能够使股东清晰了解到上市公司的发展能力,有助于股东形成长期投资、理性投资的意识。法律能够从根本上保障中小投资者的利益。现有的法律制度缺少上市公司中小股东权益的民事赔偿制度以及上市公司的表决制度,这就使得大股东在侵占小股东利益时,小股东无法运用法律权利来保护自己的利益。因此,加强完善法律制度成为保护中小股东的必要条件。

6.2.3 市场层面

应逐步完善公司控制权市场、经理人市场、加快银行改革步伐和大力发展债券市场,加强对公司管理层的外部制约和激励政策。

(1)完善公司控制权市场。公司控制权市场,又称作接管市场,它是指通过直接或者间接的方式获得投票权,从而对目标企业实施有效的控制,达到对管理层实施影响的目的。这就需要规范和健全信息披露机制,进一步提高信息披露的透明度;完善并购的法律法规,加快反收购的立法,尽快引入中小股东集体或者代表诉讼制度;降低公司控制权转让中的行政性干预程度。另外,打破股权一股独大的程度,促进公司控制权市场的健康及良性发展。还要使得公司股东在实现代理权过程中引入竞争机制,并使控制权转移成本降低。需要培育机构投资者,积极引入国外战略投资者,通过机构投资者与外国战略投资者的投资行为,增强对上市公司的监督与约束,健全上市公司的内部公司治理制度。

(2)完善经理人市场。完善职业经理人市场是现代企业制度的一个重要命题,需要从企业经理的职业化,完善职业经理人评价体系,规范企业治理结构,创造保护职业经理人成长的社会环境等一系列方面完善经理人市场,发挥经理人市场对上市公司的激励和约束作用。

(3)加快银行改革步伐。银行通过制定严厉的债务条款对贷款公司进行监管,可以促使债务融资在公司治理中发挥积极的作用,同时银行具有专业的监督方法可以帮助股东对公司的监督。银行作为债权人对公司行使相机控制权会导致公司预算约束的硬化。因此,加快银行改革,发挥银行对公司的监督迫在眉睫。具体来说有以下两点。

对有商业银行进行深化的股份制改革,形成单独的债权主体。为了彻底解决国有企业消极偿还贷款,国有商业银行不进行积极治理等银行债权的"软约束"问题,必须充分解决国有银行自身的治理结构问题,对其实行公司化经营和股份制改造,形成独立自主的债权主体。要严格打击政府部门行政干预商业银行的经营,避免各种行政性贷款。虽然这种行为需要我们循序渐进改善,但是我们应该清醒认识到坚决阻止政府将银行作为国有企业坚强的资本后盾,保证资本运营市场化,确保商业银行可以达到经营自由、风险自控。

健全主办银行制度,给予银行更大的监督控制权力,准许银行进行战略持股。结合德国、日本等的主办银行制度经验,完善由中央银行发起实行的主办银行制度,使主办银行积极对欠债企业进行监督管理,使二者协同发展。在债务占比比较高的情况下,银行必须积极对公司进行监管,参与公司的治理,在公司做出重大决策时,银行应该列席其公司的会议,发表自己的意见,以便很好地控制风险,防止坏账等情况的发生。

(4)大力发展债券市场。发行债券已经成为上市公司重要的融资方式,同时对公司治理具有非常重要的作用。上市股票的价格和债权人的监管对控股股东的行为具有较强的约束作用。在我国资本市场上,债券的积极作用没有发挥出来,债券市场的发展相对较滞后,究其原因,是因为相关部门对债券市场过于严格的管理以及债券在市场中的流动性较差。

扩大债券市场规模。我国的债券市场受到很多因素的影响,不能够快速、健康地发展。第一,债券发行审批制度过于严格。国务院、中国人民银行等相关部门严格限定能够发行债券的主体,同时发行时要经过配额审核、资格审查等环节,又需要经过多个部门层层审批,这样就导致发行主体较少,发行规模较小,很多企业不能够通过发行债券来获得资金。第二,债券发行规模小直接导致其价格被轻易操纵,致使股票价格不稳定,市场流动性的风险增大,不利于企业债券市场的健康发展。因此,必须改革企业债券的发行审批制度,精简发行程序,适当提高债券利率,使债券发行制度满足市场经济要求,在债券发行主体资格和额度的制度上转变审核制为核准制。一个发展健康良好的企业债券市场,不但可以促进我国金融市场的发展,而且能够改善企业信用,同时改革商业银行的运营,从而增强全社会的信用,保障我国资本体系朝着更加良好的方向发展。因此,政府应该持续健全企业债券市场制度,精简审批过程,促进我国债券市场的健康发展。企业应该运用多种融资方式,提高债券融资规模。通过债券融资,加大社会等第三方对上市企业中终极控制人的监管,促进上市公司良好发展。

提高债券市场的流动性。债券在市场上快速流通转换可以激发债券市场的活力,可以有效发挥债券价格发现机制,从而实现债券融资在公司治理中的积极作用。公司债券市场管理机制包含债券发行系统和债券流通系统两部分,目前债券的发行与上市之间没有形成连贯。企业债券常常与建设项目紧密联系,而建设项目由国家发展改革委员会管理,所以企业债券的发行由国家发展改革委员会管理。但是,由于上市公司的债券与股票市场联系紧密,所以其由证监会管理。同时,中国人民银行监督和管理非金融企业的短期融资券和中期票据。因此,必须整合发行与流通成为一个系统,使其能够形成连贯,同时明确主管机构,避免多头领导,形成完善合理的交易托管机构。另外,企业债券信用评级制度对企业进行债券融资同样具有十分重要的作用。制定企业债券信用评级制度需要合理、公正的信用评级机构。投资者在进行记忆性决策时主要依靠信用评级结果,因此具有公信力的信用评级制度是企业债券市场运行的基础。在企业可以独立自主发行债券,投资者能够承担风险的假设前提下,债券信用评级可以评价企业发行债券的优劣,同时为投资者提供企业债券的风险预警,信用评级机构在竞争中可以取长补短,提高整体行业的业务水平。因此,应该大力完善企业信用评级制度,组建信用评级机构,帮助投资者进行决策分析和风险规避,也为债券的发行定价提供十分有用的借鉴依据,保证债券在市场内健康流动。

第7章 总结与展望

7.1 总结

    本书从终极控制人视角出发,以"资产＝负债＋所有者权益"会计基本等式为研究起点,以资本结构的两个维度(股权结构和负债结构)为切入点,全面考虑特定股权结构对负债融资及公司绩效的影响和决定作用,进一步考察基于特定股权结构下的负债融资和公司绩效的影响。本书通过理论分析与实证研究,得出的研究结论主要如下。

    (1)通过对我国上市公司金字塔持股结构的演进历史进行分析,可以看到国有和民营金字塔持股结构的形成具有不同的制度背景。国有金字塔持股结构形成于政企分开、政资分开作为主线的政府强力推动下的国有企业改革,以当时时代背景下国有企业集团、国有资产管理体制为目的的改革结果;非国有金字塔持股结构则形成于弥补资金短缺以及破解外部融资约束的背景下,构建民营集团建立内部资本市场以及通过控制上市公司,外部资本市场融资渠道的过程中形成的。

    (2)我国上市公司中的终极控制人主要是考虑负债对股权非稀释效应,才采用债务融资优化资本结构,并不是考虑自由现金流量的约束效应和负债的破产效应。终极控制人运用提高公司债务资金比例的方法来防止由权益筹资而产生的控制权稀释风险或被控制权转移风险,从而强化控制地位,这样就能够为终极控制人获取控制权私利提供控制权方面的保障。另外,我国目前还未切实制定起上市公司的破产规定,终极控制人通过负债融资来强化其控制权,为达到从上市公司获得控制权私利目的提供便利。

从债务融资比来看,终极控制权和现金流权均与资产负债率呈现负相关关系。终极控制权说现金流权的偏离程度与资产负债率呈现倒 U 形关系。当两权分离度较小时,债务融资所带来的破产风险的影响远远小于股权的稀释作用带来的影响,随着两权分离度的逐步增大,终极控制人单纯地为自己谋取利益的行为并不能变为现实,其债务融资的比例要受到债权人的约束。终极控制人至上市公司间的控制层数越大,股权制衡程度越高,上市公司资本结构就呈现出越高的资产负债率。

与国有企业终极控制人相比较,民营企业终极控制人具有更加强烈的利用其掌握的控制权操控上市公司获得负债融资进而达到对中小投资者进行利益剥夺的动机。政府对企业的影响程度越明显,企业的资产负债率指标越大,国家控股的公司拥有的债务融资比例比民营控股的公司债务融资比例高,政府直接控股的公司拥有的债务融资比例比政府间接控股的公司的债务融资比高,中央政府控股的公司由于自身实力雄厚,一般不需要采取负债融资方式。

终极控股股东高层管理团队的平均年龄与资产负债率呈现显著负相关关系;学历与资产负债率呈现显著正相关关系;专业背景与债务融资比例呈现正相关关系,但不显著;任期与资产负债率呈现显著负相关关系;政治背景与资产负债率呈现显著正相关关系。

从债务期限结构的选择来看,控制权、两权分离度、层级与期限结构成负相关关系,说明控制权越大,两权分离度越高,层级越多,终极控制人的"隧道挖掘"效应动机与能力越强,债权人为了加强自我保护,更愿意提供短期资金。现金流权、股权制衡度和期限结构成正比例关系,说明现金流权和股权制衡度对"隧道挖掘"效应有抑制作用,债权人愿意提供长期资金。民营终极控制人利用短期负债侵占中小股东利益动机强于国有终极控制人。终极控股股东高层管理团队的年龄均值、教育程度、专业均与债务期限水平呈现正相关关系,但并不显著;任职期限、政治关系均与债务期限水平呈现显著正相关关系。

(3)本书以我国上市公司作为研究样本,通过研究发现,控股股东的投票权与公司价值之间呈现倒 U 形关系,表明代理成本随着投票权程度的增加而呈现出先降后升的特点;终极控制人的现金流权与公司绩效正相关,表明对终极控制人存在"激励效应";公司绩效随着两权分离程度的增大而减小,说明终极控股股东存在"堑壕效应";在民营控股上市公司中,控制权和现金流量权偏离程度要高于国有控股上市公司;不同种类的终极控制股东,其控制权与现金流权以及两权分离程度对公司绩效的消极影响有差异。确切地说,民营控股上市公司两权分离度对公司绩效的消极影响更加明显。

(4)债务融资治理效率受到终极控制权引发的委托—代理问题的具体影响。虽然国有控股上市公司、民营控股上市公司的债务融资与公司治理效率都呈现负相关关系,也就是两个主体的债权治理都呈现软约束性特点,并且国有控股上市公司负效应要强于民营控股的上市公司。这虽然与假设的民营控股上市公司的负债融资与公司绩效正相关不同,但是在不同终极控制人所有权性质类型下,债务融资发挥治理作用的程度是有差别的,也就是终极控制权类型特征影响和决定了负债融资发挥治理效应的程度。

短期债务能够通过其经常性的还本付息压力,从而限制民营终极控制人对自由现金流的任意支配,同时也加大了上市公司发生财务风险的危机,威胁了终极控制人的控制权,因此短期债务资金安排能够约束民营终极控制人的利益侵占行为。在国有控股上市公司中,短期负债比率与公司绩效相关性并不显著,原因在于政府的干预等原因促使短期债务的公司治理作用失败。

7.2　研究展望

7.2.1　本书研究局限

在我国,与公司治理第一类代理问题的研究相比,金字塔股权结构第二类代理问题的研究非常少。由于研究所需资料的限制,作者学术水平有限,因此,在本书研究中难免存在着一些缺陷与不足。

(1)尽管本书在研究中使用了平行面板数据,考虑了时间差异对公司绩效的影响。鉴于研究结论的稳健性考虑,应当分年度进行 OLS 估计。虽然本书在研究中使用了大样本统计研究,但研究结论的推演仍与上市公司实践有着不一致的地方,研究结论的分析存在着诸多需要完善的地方。

(2)本书从全面性和系统性的角度选择了净资产收益率作为公司绩效的代理变量,但 ROE 又是证监会对上市公司 IPO、股票配售和特别处理(ST)的主要衡量标准,因此存在上市公司对这一指标进行利润操纵的现象,仅用净资产收益率指标进行研究存在一定的不足。另外,从全面绩效的观点来看,不仅要分析上市公司的财务绩效,也要分析非财务绩效。

(3)同诸多的管理学研究相似,本书在实证研究中未充分考虑变量之间的逆向因果关系以及内生性问题。公司绩效可能会影响到上市公司的股权结构,例如,公司绩效可能会使得终极控制人变更或者增发股票,公司绩效也可能会影响上市公司资本结构的安排,终极控制人在公司绩效下降时可能会减持股份;根据前文分析,我国当前的股权结构安排是市场选择和转型经济的产物,可能与公司绩效无关。

(4)由于数据来源的因素可能导致研究结果和现实情况存在

一定的偏离。在数据收集过程中,只能获取公开报告的上市公司年报及网络资源,无法获取金字塔股权结构中公司与非上市公司之间的控制关系。

(5)本书对我国上市公司的金字塔持股结构形成的历史演进进行了整理和分析,但是并未对这一演进的影响因素进行更深入的理论分析与实证研究。金字塔持股结构作为影响股权集中上市公司资本结构与公司绩效的重要变量,只有更进一步研究对其影响的因素,才能更加清楚地认知金字塔持股结构对于资本结构和公司绩效影响的根源。

7.2.2　研究展望

今后将在以下几个方面做深入的研究。

(1)在金字塔股权结构下,终极控制人的激励效应和堑壕效应是同时存在的,深入考察终极控制人财务异化行为(如股权质押、关联交易和控制权转移)及其对公司绩效的影响,按照从间接到直接,从全面到具体的逻辑顺序来考察终极控制权代理成本与公司绩效(价值)的关系,这应该是新颖的视角。

(2)Friedman 等(2003)、Yohanes 和 Linda(2001)研究认为,上市公司控股股东的"掏空和支持"行为基本是对称的。现实情况下,也有部分上市公司的终极控制人采取了积极措施,大力支持上市公司,深入考察这些案例,在一个较长时间窗口审视终极控制人财务行为,会加深对本书研究问题的认识。

(3)股权集中上市公司如何配置终极控制权,终极控制人会在何种情况下采用哪些具体手段以较低的成本获取控制权私利,以及这些手段与公司资本结构、公司绩效关系等问题需要进行深入的研究。

(4)本书在确定样本选取时剔除了金融保险类上市公司,并且在研究终极控制人时,未考虑交叉持股情况。在我国,上市公司之间相互交错持股现象十分普遍,金融企业的这一现象最为明显。经济危机产生的根源来自于资本类企业,资本类企业同时又是资本市场中资产重估的多发之地,而拥有很多此种股权的上市公司非常多,持有资本企业股份的上市公司的股价持续上涨,同时这些企业的业绩并不太好,如果经济形势下行,容易导致泡沫的破裂,对经济社会的稳健运行产生重大影响。因此,研究这个问题具有十分重要的理论意义及现实意义。

(5)2014 年 3 月 21 日,我国公布了《优先股试点管理办法》,决定开展优先股试点。虽然证监会及市场为了解决一股独大的问题,期望通过采用优先股的办法,优化企业股权结构,但发行优先股将会导致有决策权的普通股的比例变小,控制权权重增大,这种"摊薄功能"强化了控股股东的控制权,增加了控股股东决定公司重大决策的权利。对产生的这一新问题的研究同样是作者以后的研究方向。

参考文献

[1]La Porta，R.，Lopez-de-Silanes,and F. Shleifer,Corporate Ownership Around the World[J]. Journal of Finance,1999,54：471-517.

[2]Fama,Jensen. Agency Problem and Residual Claims[J]. Journal of Law and Ecomomics,1983,(26)：327-349.

[3]Demsetz H. Structure of Ownership and the Theory of the Firm[J]. The Journal of Economy,1983,26：375.

[4]Demsetz H,Lehn K. The Structure of Corporate Ownership：Causes and Consequences[J]. The Journal of Political Economy,1985：1155-1177.

[5]Shleifer A,Vishny R W. Large Shareholders and Corporate Control［J］. The Journal of Political Economy, 1986：461-488.

[6]Morck R,Shleifer A,Vishny R W. Management Ownership and Market Valuation：An Empirical Analysis[J]. Journal of Financial Economics,1988，20：293-315.

[7]Claessens S,Djankov S,Lang L H P. The Separation of Ownership and Control in East Asian Corporations[J]. Journal of Financial Economics, 2000, 58(1)：81-112.

[8] Faccio M, Lang L H P. The Ultimate Ownership of Western European Corporations［J］. Journal of Financial Eco-

nomics,2002,65(3):365-395.

[9]La Porta R,Lopez-de-Silanes F,Shleifer A, et al. Investor Protection and Corporate Valuation[J]. Journal of Finance, 2002: 1147-1170.

[10]Johnson S, Boone P, Breach A, et al. Corporate Governance in the Asian Financial Crisis[J]. Journal of Financial Economics, 2000, 58(1): 141-186.

[11] Attig N, Gadhoum Y, Lang L. Bid-Ask Spread, Asymmetric Information and Ultimate Ownership[J]. Chinese University of Hong Kong, Department of Finance, 2003:G32.

[12]余明桂,夏新平.控股股东、代理问题与股利政策:来自中国上市公司的经验证据[J].中国金融学,2004,2(1): 69-93.

[13]叶勇,胡培,黄登仕.中国上市公司终极控制权及其与东亚、西欧上市公司的比较分析[J].南开管理评论,2005,8(3): 25-31.

[14]赖建清,吴世农.上市公司最终控制人对绩效的影响研究[D].厦门大学管理学院,2005:1-15.

[15]刘运国,吴小云.终极控制人、金字塔控制与控股股东的"掏空"行为研究[J].管理学报,2009,6(12):1.

[16]刘芍佳,孙霈,刘乃全.终极产权论、股权结构及公司绩效[J].经济研究,2003,4(5):51-62.

[17]李康,杨兴君,杨雄.配股和增发的相关者利益分析和政策研究[J].经济研究,2003,3:79-87.

[18]马忠,陈彦.金字塔结构下最终控制人的盘踞效应与利益协同效应[J].中国软科学,2008(5):91-101.

[19]朱乃平,韩文娟,凌隽.关于出版业上市公司管理层持股与公司绩效的实证分析[J].出版科学,2013,21(6):41-47.

[20]彭文伟,刘恋.终极控制权、现金流权与企业投资的关系[J].财会月刊(理论版),2013(002):14-17.

[21]M. C. Jensen and W. H. Mecking. Theory of the Firm：Managerial Behavior，Agency Costs and Ownership Structure [J]. Journal of Financial Economics，1976,3(4):305-336.

[22]Friend I,Lang L H P. An Empirical Test of the Impact of Managerial Self-interest on Corporate Capital Structure[J]. The Journal of Finance，1988，43(2)：271-281.

[23]Stulz，R. Managerial Control of Voting Rights：Financing Policies and the Market for Corporate Control[J]. Journal of Financial Economics,1998:365-390.

[24]陆正飞. 中国上市公司融资行为与融资结构研究[M]. 北京:北京大学出版社,2005:58.

[25]肖作平.公司治理影响债务期限结构类型吗？[J].管理工程学报,2010(1):110-123.

[26]宁宇新,柯大钢.转轨背景、公司成长性与债务融资[J].中大管理研究,2008(3):107-124.

[27]朱家谊.政府干预与企业债务期限结构研究——来自我国上市公司的经验数据[J].财经科学,2010(10):88-65.

[28]刘洋,郭欢.企业债务融资的优势:基于与股权融资的比较分析[J].企业家天地,2008(10):50-51.

[29]李悦,熊德华,张峥.公司财务理论与公司财务行为——来自167家上市公司的证据[J].管理世界,2007(11):65-71.

[30]江伟,李斌.金融发展与企业债务融资[M].北京:北京大学出版社,2006.

[31]周勤,徐捷,程书礼.中国上市公司规模与债务融资关系的实证研究[J].金融研究,2006(8):41-55.

[32]闫华红,王安亮.终极控制人特征对资本结构的影响——基于中国上市公司的经验证据[J].经济与管理研究,2013(2)：12-17.

[33]Julan Du，Yi Dai. Ultimate Corporate Ownership

Structures and Capital Structures:Evidence from East Asian E-conomies[J]. Corporate Governance，2005,13(1):60-71.

[34]苏坤,杨淑娥.现金流权、控制权与资本结构决策——来自我国民营上市公司的证据[J].预测,2009(6):18-24.

[35]王凯凯,贾延宁.终极控制人、股权制衡与上市公司债务期限结构选择[J].经济视角,2009(6):64-68.

[36]韩亮亮,李凯.控制权、现金流权与资本结构——一项基于我国民营上市公司面板数据的实证分析[J].会计研究,2008(3):66-73.

[37]邹平,付莹.我国上市公司控制权与现金流权分离——理论研究与实证检验[J].财经研究,2007(9):135-143.

[38]陈珊.我国中小上市公司终极控制权与债务融资治理效应研究[D].济南大学,2013.

[39]苏坤,张俊瑞.终极控制权与资本结构决策[J].管理学报,2012,9(3):466-472.

[40]朱乃平,田立新,陈娜.民营企业终极控制性股东特征与公司融资决策行为[J].预测,2013,32(6):22-28.

[41]La Porta R,Lopez-de-Silanes F,Shleifer A，et al. Investor Protection and Corporate Valuation[J]. Journal of Finance，2002:1147-1170.

[42]Claessens S,Djankov S,Fan J P H,et al. Disentangling the Incentive and Entrenchment Effects of Large Shareholdings[J]. The Journal of Finance,2002,57(6):2741-2771.

[43] Wiwattanakantang Y. Controlling Shareholders and Corporate Value:Evidence from Thailand[J]. Pacific-Basin Finance Journal,2001,9(4):323-362.

[44]Bebchuk L A,Kraakman R,Triantis G. Stock Pyramids,Cross-ownership,and Dual Class Equity:the Mechanisms and Agency Costs of Separating Control From Cash-flow Rights

[M]. Concentrated Corporate Ownership. University of Chicago Press,2000：295-318.

[45]Lemmon M L, Lins K V. Ownership Structure,Corporate Governance,and Firm Value：Evidence from the East Asian Financial Crisis［J］. The Journal of Finance, 2003,58（4）：1445-1468.

[46］Peng, Mike W., and YiJiang. Family Ownership and Control in Large Firms：The Good, the Bad, the Irrelevant and Why[J]. William Davidson Institute,2006：568-612.

[47]Tianshu Zhang. The Separation of Cash-flow Rights and Control Rights：Corporate Governance,Firm Value and Dividend Payout[J]. 2015.

[48]苏启林,朱文.上市公司家族控制与企业价值[J].经济研究，2003，8：36-45.

[49]张华,张俊喜,宋敏.所有权和控制权分离对企业价值的影响——我国民营上市企业的实证研究［J].经济学，2004，3（B10）：1-14.

[50]邓建平,曾勇.上市公司家族控制与股利决策研究[J].管理世界,2005,(7):139-147.

[51]叶勇,刘波,黄雷.终极控制权、现金流量权与企业价值[J].管理科学学报,2007,10(2)：66-77.

[52]谷祺,邓德强,路倩.现金流权与控制权分离下的公司价值——基于我国家族上市公司的实证研究[J]. 会计研究,2006(4)：30-36.

[53]吴柄莹.中国独立董事制度对财务管理的影响[J].经济研究导刊,2012（33）：67-69.

[54]宋小保.股权集中、投资决策与代理成本[J].中国管理科学,2013(04):152-161.

[55]Modigliani F,Miller M H. The Cost of Capital,Corpo-

ration Finance and the Theory of Investment[J]. The American Economic Review,1958：261-297.

[56]Jensen M C,Meckling W H. Theory of the Firm：Managerial Behavior, Agency Costs, and Ownership Structure[J]. Journal of Financial Economics,1976,3(4):78-79,305.

[57]Grossman S J,Hart O D. Corporate Financial Structure and Managerial Incentives[M]. The Economics of Information and Uncertainty. University of Chicago Press,1982：107-140.

[58] Harris M, Raviv A. Corporate Control Contests and Capital Structure[J]. Journal of Financial Economics,1988，20：55-86.

[59]Ross S A. The Determination of Financial Structure：the Incentive-signaling Approach[J]. The Bell Journal of Economics,1977：23-40.

[60]Downes D H,Heinkel R. Signaling and the Valuation of Unseasoned New issues[J]. The Journal of Finance,1982，37(1)：1-10.

[61]Poitevin M. Financial Signaling and the"Deep-pocket" Argument[J]. The Rand Journal of Economics,1989：26-40.

[62] Parrino R,Weisbach M S. Measuring Investment Distortions Arising from Stockholder-bondholder Conflicts[J]. Journal of Financial Economics,1999,53(1):3-42.

[63]张兆国,闫炳乾,何成风.资本结构治理效应：中国上市公司的实证研究[J].南开管理评论,2006，9(5)：22-27.

[64]汪辉.上市公司债务融资、公司治理与市场价值[J].经济研究，2003，8：28-35.

[65]洪锡熙,沈艺峰.我国上市公司资本结构影响因素的实证分析[J].厦门大学学报,2000(3)：114-120.

[66]吕长江,王克敏.上市公司资本结构、股利分配及管理股

权比例相比作用机制研究[J].会计研究，2002 (3):39-48.

[67]陆正飞,辛宇.上市公司资本结构主要影响因素之实证研究[J].会计研究,1998,8(36,39).

[68]李义超,蒋振声.上市公司资本结构与企业绩效的实证分析[J].数量经济技术经济研究,2001,18(2)：118-120.

[69]肖作平.股权结构、资本结构与公司价值的实证研究[J].证券市场导报,2003 (1):71-76.

[70]徐晓东,陈小悦.第一大股东对公司治理、企业业绩的影响分析[J].经济研究,2003,2(10):64-74.

[71]肖作平,廖理.大股东、债权人保护和公司债务期限结构选择——来自上市公司的经验证据[J].管理世界,2007,10：99-113.

[72]刘志远,毛淑珍,乐国林.政府控制、终极控制人与上市公司债务期限结构[J].当代财经,2008(1)：102-108.

[73]洪爱梅.通货膨胀下的企业长期投资分析[J].商业会计,2011 (24):13-15.

[74]黄文青.我国上市公司债权融资的治理效应研究[J].财经问题研究,2010 (8):69-72.

[75]黄文青.债权融资结构与公司治理效率——来自中国上市公司的经验证据[J].财经理论与实践,2011,32(2):46-50.

[76]刘晨曦,耿成轩.江苏省民营上市公司债务融资与企业绩效的实证分析[J].经济研究导刊,2011(30):206-208.

[77]谢德明.终极控制人负债融资与公司绩效实证研究[J].商业会计,2012(14):95-97.

[78]张荣艳,章爱文,白夏茜.上市公司负债融资结构对企业绩效影响研究——以沪市 100 家上市公司为研究对象[J].财会通讯,2013(24):80-82.

[79]刘玉芹.房地产上市公司负债融资对公司绩效的影响研究[J].中国商贸,2014(6):85-86.

[80]陈闻芝,胡洁怡.不同成长机会下负债融资对公司绩效影响的实证研究——来自我国制造业上市公司的经验证据[J].市场周刊,2014(9):21-23.

[81]Jensen M C. Agency Costs of Free Cash Flow, Corporate Finance, and Takeovers [J]. The American Economic Review, 1986: 323-329.

[82]Brealey R,Leland H E, Pyle D H. Informational Asymmetries, Financial Structure, and Financial Intermediation [J]. The Journal of Finance,1977,32(2):371-387.

[83]Myers S C,Majluf N S. Corporate Financing and Investment Decisions When Firms Have Information That Investors Do Not Have[J]. Journal of Financial Economics,1984,13(2):187-221.

[84]Somoff P. Uber gebiete von schraubengeschwindigkeiten eines starren korpers bieverschiedener zahl von stuz achen[J]. Zeitschrift fur Mathematic and Physics, 1900, 45: 245-306.

[85]Harris M, Raviv A. Corporate governance: Voting Rights and Majority Rules[J]. Journal of Financial Economics, 1988, 20: 203-235.

[86]Shleifer A, Vishny R W. Large Shareholders and Corporate Control[J]. The Journal of Political Economy, 1986: 461-488.

[87]Morck R, Shleifer A, Vishny R W. Management Ownership and Market Valuation: An Empirical Analysis[J]. Journal of Financial Economics, 1988, 20: 293-315.

[88]McConnell J J, Servaes H. Additional Evidence on Equity Ownership and Corporate Value[J]. Journal of Financial Economics, 1990, 27(2): 595-612.

[89]Bebchuk L A. A Rent-protection Theory of Corporate

Ownership and Control[R]. National Bureau of Economic Research，1999.

[90]Edwards J S S，Weichenrieder A J. Ownership Concentration and Share Valuation：Evidence from Germany[R]. EPRU Working Paper Series，1999.

[91]Bebchuk L A，Roe M J. A Theory of Path Dependence in Corporate Ownership and Governance[J]. Stanford Law Review，1999：127-170.

[92]王力军.金字塔控制、关联交易与公司价值[J].证券市场导报，2006，2.

[93]Modigliani F，Miller M H. The Cost of Capital，Corporation Finance and the Theory of Investment[J]. The American Economic Review，1958：261-297.

[94]Jensen M C，Meckling W H. Agency Costs and the Theory of the Firm[J]. Journal of Financial Economics，1976，3（4）：305-360.

[95]Grossman S J，Hart O D. Takeover Bids，the Free-rider Problem，and the Theory of the Corporation[J]. The Bell Journal of Economics，1980：42-64.

[96]Shleifer A，Vishny R W. Large Shareholders and Corporate Control[J]. The Journal of Political Economy，1986：461-488.

[97]Stulz R M. Managerial Control of Voting Rights：Financing Policies and the Market for Corporate Control[J]. Journal of Financial Economics，1988，20：25-54.

[98]Brick I E，Ravid S A. On the Relevance of Debt Maturity Structure [J]. The Journal of Finance，1985，40（5）：1423-1437.

[99]Brick I E，Ravid S A. Interest Rate Uncertainty and

the Optimal Debt Maturity Structure[J]. Journal of Financial and Quantitative Analysis, 1991, 26(01): 63-81.

[100]Scholes M S, Wolfson M A, Erickson M, et al. Taxes and Business Strategy: A Planning Approach[M]. Englewood Cliffs, NJ: Prentice Hall, 1992.

[101]Leland H E, Toft K B. Optimal Capital Structure, Endogenous Bankruptcy, and the Term Structure of Credit Spreads[J]. The Journal of Finance, 1996, 51(3): 987-1019.

[102]Morris. A Model for Corporate Debt Maturity Decisions [J]. Journal of Financial and Quantitative Analysis, 1976b: 339-357.

[103]Myers S C. Determinants of Corporate Borrowing[J]. Journal of Financial Economics, 1977, 5(2): 147-175.

[104]Hart O, Moore J. A Theory of Debt Based on the Inalienability of Human Capital[R]. National Bureau of Economic Research, 1995.

[105]Porta R, Lopez-de-Silanes F, Shleifer A. Corporate Ownership Around the World [J]. The Journal of Finance, 1999, 54(2): 471-517.

[106]Claessens S, Djankov S, Fan J P H, et al. When Does Corporate Diversification Matter to Productivity and Performance? Evidence from East Asia[J]. Pacific-Basin Finance Journal, 2003, 11(3): 365-392.

[107] Cestone G, Fumagalli C. Internal Capital Markets, Cross-subsidization and Product Market Competition. 2001, CEPR Discussion Paper No 2935, http-ssrn. com/abstract=283251.

[108]Almeida H V, Wolfenzon D. A Theory of Pyramidal Ownership and Family Business Groups[J]. The Journal of Finance, 2006, 61(6): 2637-2680.

[109]Masulis R W，Wang C，Xie F. Agency Problems at Dual-class Companies[J]. The Journal of Finance，2009，64(4)：1697-1727.

[110]Almeida H，Wolfenzon D. A Theory of Family Business Groups and Pyramidal Ownership[R]. Working paper，New York University，Tarasova，A.，2002. Institutional Reform in Transition：A Case study of，2003.

[111]Riyanto Y E，Toolsema L A. Tunneling and Propping：A Justification for Pyramidal Ownership[J]. Journal of Banking & Finance，2008，32(10)：2178-2187.

[112]毛世平.金字塔控制结构的影响因素及其经济后果[M].北京:经济科学出版社,2008:165-182.

[113]Lee Y，Kim M，Han J，et al. MicroRNA Genes Are Transcribed by RNA Polymerase II[J]. The EMBO Journal，2004，23(20)：4051-4060.

[114]Bianco M，Casavola P. Italian Corporate Governance：Effects on Financial Structure and Firm Performance[J]. European Economic Review，1999，43(4)：1057-1069.

[115]Hoshi T，Kashyap A，Scharfstein D. Corporate structure，Liquidity，and Investment：Evidence from Japanese Industrial Groups[J]. The Quarterly Journal of Economics，1991：33-60.

[116]Morck R，Yeung B. Agency Problems in Large Family Business groups[J]. Entrepreneurship Theory and Practice，2003，27(4)：367-382.

[117]Khanna T，Rivkin J W. Estimating the Performance Effects of Networks in Emerging Markets Academy of Management Proceedings[C]. Academy of Management，1999(1)：G1-G6.

[118]Faccio M, Lang L H P. The Ultimate Ownership of Western European Corporations[J]. Journal of Financial Economics, 2002, 65(3): 365-395.

[119]Johnson S, Mitton T. Cronyism and Capital Controls: Evidence from Malaysia[J]. Journal of Financial Economics, 2003, 67(2): 351-382.

[120] Hogfeldt P. The History and Politics of Corporate Ownership in Sweden[M]. A History of Corporate Governance around the World: Family Business Groups to Professional Managers. University of Chicago Press, 2005: 517-580.

[121]La Porta R, Lopez-de-Silanes F, Shleifer A, et al. Investor Protection and Corporate Governance[J]. Journal of Financial Economics, 2000, 58(1): 3-27.

[122]Bertrand M, Mehta P, Mullainathan S. Ferreting out Tunneling: An Application to Indian Business Groups[R]. National Bureau of Economic Research, 2000.

[123]Durnev A, Morck R, Yeung B, et al. Does Greater Firm-Specific Return Variation Mean More or Less Informed Stock Pricing? [J]. Journal of Accounting Research, 2003, 41(5): 797-836.

[124]Bae K H, Kang J K, Kim J M. Tunneling or Value Added? Evidence from Mergers by Korean Business Groups[J]. The Journal of Finance, 2002, 57(6): 2695-2740.

[125]Attig N, Fong W M, Gadhoum Y, et al. Effects of Large Shareholding on Information Asymmetry and Stock Liquidity[J]. Journal of Banking & Finance, 2006, 30(10): 2875-2892.

[126]Thomadakis S B. A Value-based Test of Profitability and Market Structure[J]. The Review of Economics and Statis-

tics，1977：179-185.

[127]Miller M H，Modigliani F. Dividend policy，Growth，and the Valuation of Shares[J]. the Journal of Business，1961，34(4)：411-433.

[128]La Porta R，Lopez-de-Silanes F，Shleifer A，et al. Agency Problems and Dividend Policies around the World[J]. The Journal of Finance，2000，55(1)：1-33.

[129]Faccio M，Lang L H P，Young L. Dividends and Expropriation[J]. American Economic Review，2001：54-78.

[130]Carvalhal da Silva A，Leal R P C. Corporate Governance，Market Valuation and Dividend Policy in Brazil[J]. 2003：G30-G32.

[131]Gugler K，Yurtoglu. Corporate Governance and Dividend Pay out Policy in Germany[J]. European Economic Review，2003，47(4)：731-758.

[132]Faccio M，Lang L H P，Young L. Dividends and expropriation[J]. American Economic Review，2001：54-78.

[133]Bianco M，Nicodano G. Pyramidal Groups and Debt [J]. European Economic Review，2006，50(4)：937-961.

[134]Du Julan and Yi Dai. Ultimate Corporate Ownership Structure and Capital Structure："Evidence from East Asian Economics"，Corporate Governance：An International Review，13 (1)，60-71.

[135]Pagano M，Volpin P. The Political Economy of Finance[J]. Oxford Review of Economic Policy，2001，17(4)：502-519.

[136]Filatotchev I，Mickiewicz T. Ownership Concentration，Private Benefits of Control and Debt Financing[J]. Corporate Governance and Finance in Poland and Russia，2001：

159-176.

[137]Caselli F, Gennaioli N. Dynastic management[R]. National Bureau of Economic Research，2003.

[138]Yeh Y, Lee T, Woidtke T. Family Control and Corporate Governance：Evidence from Taiwan[J]. International Review of finance, 2001, 2(1-2)：21-48.

[139]Pérez-González F. Inherited Control and Firm Performance[J]. The American Economic Review，2006：1559-1588.

[140]Smith B F, Amoako-Adu B. Management Succession and Financial Performance of Family Controlled Firms[J]. Journal of Corporate Finance，1999，5(4)：341-368.

[141]角雪岭.我国上市公司金字塔持股结构特征研究[J]. 会计之友，2007（12）：70-72.

[142]曾庆生.政府控股、社会性负担与代理成本：一项基于中国上市公司的实证研究[A].中国第三届实证会计国际研讨会论文集[C].2004.

[143]Shin，Hyun-Han，YoungS. Park. Financing Constraints and Internal Capital Markets：Evidence from Korean Chaebols. Joumal of Corporate Finance，vol. 54. 1999.

[144]Khanna T，Palepu K G. Why Focused Strategies May Be Wrong for Emerging Markets[J]. 1997：1234-1368.

[145]Khanna T，Palepu K. Is Group Affiliation Profitable in Emerging Markets? An Analysis of Diversified Indian Business Groups[J]. The Journal of Finance，2000，55(2)：867-891.

[146]Cormen T H, Leiserson C E，Rivest R L, et al. Introduction to Algorithms[M]. Cambridge：MIT press，2001.

[147]宋献中，罗晓林.我国民营上市公司财务状况与相关政策的调查研究[J].财经理论与实践，2003，24(2)：76-78.

[148]唐清泉.上市公司作用下独立董事任职的动机与作

用——基于上海证券交易所的实证研究[J].管理科学,2005,18(4)：8-13.

[149]叶康涛,陆正飞,张志华.独立董事能否抑制大股东的"掏空"？[J].经济研究,2007,4:101-111.

[150]赵卿,刘少波.制度环境、终极控制人两权分离与上市公司过度投资[J].投资研究,2012,5：008.

[151]周颖,艾辉.金字塔结构、终极股东控制权与资本结构——基于中国上市家族企业面板数据的实证研究[J].软科学,2011(1):120-123.

[152]Lee, Yung-Chuan; Chang, Wei-Hsien. How Controlling Shareholders Impact Debt Maturity Structure in Taiwan[J]. Journal of Internaional Financial Management & Accounting,2013.

[153]Black F, Scholes M. The Pricing of Options and Corporate Liabilities[J]. The Journal of Political Economy, 1973：637-654.

[154]闫增辉,杨丽丽.双向资金占用下终极控制人与资本结构[J].经济与管理研究,2015,36(4):128-135.

[155]王鲁平,林桓,康华.终极控制人对银行借款期限结构选择的影响[J].系统工程,2014,12:001.

[156]Su K,Li P. The Effects of Ultimate Controlling Shareholders on Debt Maturity Structure[J]. Journal of Applied Business Research (JABR),2013,29(2)：553-560.

[157]宋小保.最终控制人、负债融资与利益侵占:来自中国民营上市公司的经验证据[J].系统工程理论实践,2014,34(7)：1633-1647.

[158]苏忠秦,黄登仕.家族控制、两权分离与债务期限结构选择——来自中国上市公司的经验证据[J].管理评论,2012,7：132-142.

[159]Barclay D,Higgins C,Thompson R. The Partial Least

Squares（PLS）Approach to Causal Modeling：Personal Computer Adoption and Use as an Illustration[J]. Technology Studies，1995，2（2）：285-309.

[160]Stohs M H，Mauer D C. The Determinants of Corporate Debt Maturity Structure[J]. Journal of Business，1996：279-312.

[161]Khwaja A I，Mian A. Do Lenders Favor Politically Connected Firms? Rent Provision in an Emerging Financial Market[J]. The Quarterly Journal of Economics，2005：1371-1411.

[162]Hambrick D C，Mason P A. Upper Echelons：The Organization as a Reflection of its Top Managers[J]. Academy of Management Review，1984，9（2）：193-206.

[163]Finkelstein S，Hambrick D. Strategic leadership[J]. St. Paul，Minn. ：West，1996：865-916.

[164]Bantel K A，Jackson S E. Top Management and Innovations in Banking：Does the Composition of the Top Team Make a Difference [J]. Strategic Management Journal，1989，10（S1）：107-124.

[165]Wiersema M F，Bantel K A. Top Management Team Demography and Corporate Strategic Change[J]. Academy of Management Journal，1992，35（1）：91-121.

[166]何瑛，张大伟.管理者特质、负债融资与企业价值[J].会计研究，2015，8：009.

[167]Amason A C，Sapienza H J. The Effects of Top Management Team Size and Interaction Norms on Cognitive and Affective Conflict [J]. Journal of Management，1997，23（4）：495-516.

[168]姜付秀，黄继承.CEO财务经历与资本结构决策[J].会计研究，2013，5：006.

[169]Finkelstein S，Hambrick D C. Top-management-team Tenure and Organizational Outcomes：The Moderating Role of Managerial Discretion [J]. Administrative Science Quarterly，1990：484-503.

[170]李晓颖. 高层管理团队异质性与资本结构动态调整研究[J]. 前沿，2014(9)：109-113.

[171]Faccio M，Masulis R W，McConnell J. Political Connections and Corporate Bailouts[J]. The Journal of Finance，2006，61(6)：2597-2635.

[172]李健，陈传明. 企业家政治关联、所有制与企业债务期限结构——基于转型经济制度背景的实证研究[J]. 金融研究，2013（3）：157-169.

[173]Yang J，Lian J，Liu X. Political Connections，Bank Loans and Firm Value[J]. Nankai Business Review International，2012，3(4)：376-397.

[174]Shleifer A，Vishny R W. A Survey of Corporate Governance[J]. The Journal of Finance，1997，52(2)：737-783.

[175]La Porta R，Lopez-de-Silanes F，Shleifer A，et al. The Quality of Government[J]. Journal of Law，Economics，and Organization，1999，15(1)：222-279.

[176]Claessens S，Djankov S，Lang L H P. The Separation of Ownership and Control in East Asian Corporations[J]. Journal of Financial Economics，2000，58(1)：81-112.

[177]Eggertsson T. Economic Behavior and Institutions：Principles of Neoinstitutional Economics[M]. Cambridge University Press，1990.

[178]曾昭灶，李善民. 大股东控制、私有收益与公司绩效[J]. 山西财经大学学报，2008，5：77-83.

[179]王化成，李春玲，卢闯. 控股股东对上市公司现金股利

政策影响的实证研究[J].管理世界,2007(1):122-127.

[180]苏启林,朱文.上市公司家族控制与企业价值[J].经济研究,2003,8:36-45.

[181]夏立军,方轶强.政府控制、治理环境与公司价值[J].经济研究,2005,5:40-51.

[182]胡一帆,宋敏,张俊喜.中国国有企业民营化绩效研究[J].经济研究,2006,7:49-60.

[183]曹廷求,杨秀丽,孙宇光.股权结构与公司绩效:度量方法和内生性[J].经济研究,2007,42(10):126-137.

[184]毛世平,吴敬学.金字塔结构与控制权和所有权——基于涉农上市公司的经验证据[J].农业技术经济,2008(3):81-88.

[185]王鹏.投资者保护、代理成本与公司绩效[J].经济研究,2008,2:68-82.

[186]Christina Y. M. NG. An Empirical Study on the Relationship between Ownership and Performance in a Family-Based Corporate Environment[J]. Journal of Accounting Auditing & Finance,2005,1:121-145.

[187]许永斌,郑金芳.中国民营上市公司家族控制权特征与公司绩效实证研究[J].会计研究,2008(11):50-57.

[188]周颖,李丽,徐继伟.控制权、现金流权与侵占效应——基于中国民营上市公司的实证研究[J].大连理工大学学报(社会科学版),2013(1).

[189]Bozec Y, Laurin C. Large Shareholder Entrenchment and Performance: Empirical Evidence from Canada[J]. Journal of Business Finance & Accounting, 2008, 35(1-2): 25-49.

[190]Jensen , Meckling . Theory of the Firm: Managerial Behavior[J]. Agency Costs and Ownership Structure, Journal of Financial Economics, 1976, 3(4): 305-360.

[191]Shleifer A, Vishny R W. A Survey of Corporate Gov-

ernance[J]. The Journal of Finance，1997，52(2)：737-783.

[192]Claessens S，Djankov S，Lang L H P. The Separation of Ownership and Control in East Asian Corporations[J]. Journal of Financial Economics，2000，58(1)：81-112.

[193]Yeh，Y. H. Do Controlling Shareholders Enhance Corporate Value? [J]. Control Govermance，2005，13(2)：313-325.

[194]Claessens S，Djankov S，Fan J P H，et al. Disentangling the Incentive and Entrenchment Effects of Large Shareholdings[J]. The Journal of Finance，2002，57(6)：2741-2771.

[195]Faccio M，Lang L H P，Young L. Dividends and Expropriation[J]. American Economic Review，2001：54-78.

[196]Lins K V. Equity Ownership and Firm Value in Emerging Markets[J]. Journal of Financial and Quantitative Analysis，2013，38(01)：159-184.

[197]Marchica M T，Mura R. Direct and Ultimate Ownership Structures in the UK：An Intertemporal Perspective over the Last Decade[J]. Corporate Governance：An International Review，2005，13(1)：26-45.

[198]李善民,朱滔.多元化并购能给股东创造价值吗[J].管理世界,2006,3:129-131.

[199]辛金国,韩秀春.上市方式、股权结构与企业绩效的实证研究——基于上市家族企业数据的分析[J].技术经济与管理研究,2014(01):86-90.

[200]乐毕君,辛金国.上市家族企业所有权结构与绩效：基于双重委托代理理论的分析[J].生产力研究,2014 (7):18-21.

[201]房林林.生命周期视角下终极控制人两权特征的演变——基于制造业上市公司的实证检验[J].山东社会科学,2015 (5):139-143.

[202]傅建源.终极控制人所有权特征与企业价值的关系研

究——基于沪深 A 股 2010—2011 年度的实证研究[J]. 时代金融,2013,32:118.

[203]王鹏,周黎安. 控股股东的控制权、所有权与公司绩效:基于中国上市公司的证据[J]. 金融研究,2006 (2):88-98.

[204]Claessens S,Djankov S,Lang L H P. The Separation of Ownership and Control in East Asian Corporations[J]. Journal of Financial Economics,2000,58(1):81-112.

[205]Faccio M,Lang L H P,Young L. Dividends and Expropriation[J]. American Economic Review,2001:4-78.

[206]Jensen M C. Agency Costs of Free Cash Flow,Corporate Finance,and Takeovers[J]. The American Economic Review,1986:323-329.

[207]Palmer R G,Brian Arthur W,Holland J H,et al. Artificial Economic Life:a Simple Model of a Stockmarket[J]. Physica D:Nonlinear Phenomena,1994,75(1):264-274.

[208]张兆国,闫炳乾,何成风. 资本结构治理效应:中国上市公司的实证研究[J]. 南开管理评论,2006,9(5):22-27.

[209]褚萌萌. 上市公司负债融资对公司绩效的影响——基于股权分置改革背景下的实证分析[J]. 财会通讯,2013,(15):45-48.

[210]何芳丽,严太华. 终极股东类型、债务融资工具与利益侵占——基于中国制造业上市公司的实证研究[J]. 云南财经大学学报,2015(10).

[211]Liu J,Wang J,Liang X. . Expropriation Motivation,Capital Structure and Corporate Performance[J]. Modern Finance and Economics-Journal of Tianjin University of Finance and Economics,2015,1:005.

[212]Roland G. Corporate Governance and Restructuring:Lessons from Transition Economies[C] Annual World Bank

Conference on Development Economics 2000. World Bank Publications，2001：331.

[213]陈治鹏.我国中小企业负债融资对公司绩效影响的实证检验[J].商业经济研究,2015(09):90-92.

[214]黎凯,叶建芳.财政分权下政府干预对债务融资的影响——基于转轨经济制度背景的实证分析[J].管理世界,2007(8):23-34.

[215]孙铮,刘凤委,李增泉.市场化程度、政府干预与企业债务期限结构[J].经济研究,2005,5(5):52-63.

[216]E Friedman，S Johnson，and T Mitton. Propping and Tunneling [J]. Journal of Comparative Economic，2003，31（4）：732-750.

[217]Yohanes E，Riyanto and Linda A，Toolsema. Tunneling and Propping：A Justification for Pyramidal Ownership，National University of Sinagpore. Working paper.

致　谢

本书是对我攻读博士学位期间研究工作的一个总结。首先，我要衷心感谢我的导师党耀国教授,本书的研究工作都是在他的直接指导下完成的。党老师严谨的治学态度和精益求精的科学精神让我受益匪浅,本书凝结着党老师的辛劳与汗水。从选题、开题、初稿形成直到终稿完成的过程中,耐心的党老师不厌其烦地为我指导,不断引导我对本书加以完善,我们多次讨论研究分析问题的思路、方法以及怎样才能使论文更加严谨和充实,最后经过多次的修改,本书得以顺利完成,党老师对学术的热爱让我感动,值得我学习一生。

感谢我的母校——南京航空航天大学给我营造的浓郁的学习氛围、提供的良好的学习环境和科研条件,如今又给我的人生添上浓烈的一笔。感谢南京航空航天大学经济与管理学院周德群院长、刘思峰教授、张卓教授、江可申教授、方志耕教授、何江胜教授、周瑾如老师、袁颖老师等各位老师传授知识和对我完成本书的指点、帮助;感谢华北水利水电大学王延荣教授、罗党教授、杨雪教授、李纲教授、梁松博士、桂黄宝博士对本书的点评和提出的建议;感谢华北水利水电大学硕士研究生王国帅同学对本书的校稿、排版等所做的繁重工作。

我知道本书的完成意味着一个新的、更高的起点,面对未来的挑战,我将更加从容、自信。

最后感谢我的家人,在我求学的道路上,你们一直默默地关心、支持和鼓励我不断进步,谢谢你们的理解和包容,你们永远是我前进的动力!